둥글둥글 지구촌 돈 이야기

함께 사는 세상 6

둥글둥글 지구촌 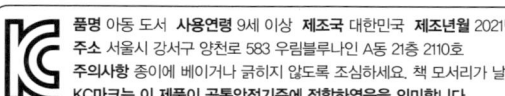 이야기

초판 1쇄 발행 2010년 6월 11일 | 초판 7쇄 발행 2021년 12월 3일
글쓴이 석혜원 | 그린이 유남영
사진 한국금융사박물관 · 현대중공업 · 석혜원 · 김숙진
펴낸이 홍석 | 이사 홍성우
편집부장 이정은 | 편집 차정민 · 조응연 · 이은경 | 디자인 손현주
마케팅 이송희 · 한유리 | 관리 최우리 · 김정선 · 정원경 · 홍보람 · 조영행
펴낸곳 도서출판 풀빛 | 등록 1979년 3월 6일 제2021-000055호
주소 서울시 강서구 양천로 583 우림블루나인 A동 21층 2110호
전화 02-363-5995(영업) 02-362-8900(편집) | 팩스 070-4275-0445
전자우편 kids@pulbit.co.kr | 홈페이지 www.pulbit.co.kr
블로그 blog.naver.com/pulbitbooks | 인스타그램 instagram.com/pulbitkids

ⓒ석혜원, 2010

ISBN 978-89-7474-650-6 74320
ISBN 978-89-7474-913-1 (세트)

이 책의 국립중앙도서관 출판시도서목록(CIP)은 e-CIP 홈페이지(http://www.nl.go.kr/ecip)에서
이용하실 수 있습니다.(CIP제어번호 : CIP2010001893)

* 지은이와 협의해 인지는 생략합니다.
* 책값은 뒤표지에 표시되어 있습니다.
* 파본이나 잘못된 책은 구입하신 곳에서 바꿔드립니다.

	품명 아동 도서 사용연령 9세 이상 제조국 대한민국 제조년월 2021년 12월 3일 제조자명 도서출판 풀빛 연락처 02-363-5995
KC	주소 서울시 강서구 양천로 583 우림블루나인 A동 21층 2110호
	주의사항 종이에 베이거나 긁히지 않도록 조심하세요. 책 모서리가 날카로우니 던지거나 떨어뜨리지 마세요.
	KC마크는 이 제품이 공통안전기준에 적합하였음을 의미합니다.

함께 사는 세상 6

둥글둥글 지구촌
돈 이야기

석혜원 글 | 유남영 그림

풀빛

::작가의 말

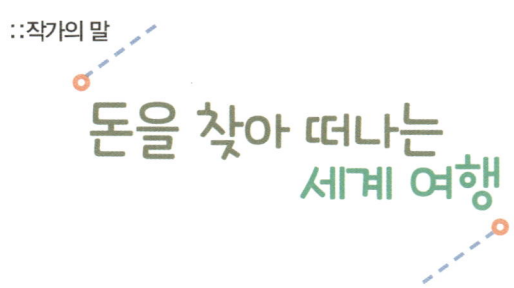

 이제부터 우리는 돈과 관련된 이야기를 찾아 세계 여행을 떠납니다. 같은 장소를 함께 찾아도 여행지에서 느끼는 감동은 사람에 따라 달라요. 눈으로 보고 있는 사물은 같아도 아는 만큼만 보이니까요.

 직업은 못 속인다고 30년가량 은행에서 일하다 보니 세계 어디를 가나 그 나라의 돈과 사람들이 돈을 사용하는 모습을 유심히 살피게 되고, 화폐의 역사를 알 수 있는 박물관을 찾게 됩니다.

 덴마크 국립 박물관에서 전혀 예상하지 않았는데, 세계 최초의 동전인 리디아 동전을 보는 순간 어찌나 감격했는지 소리를 지를 뻔했어요. 상하이 박물관의 비단길 무역에서 사용되었던 수많은 동전이 전시된 방에서는 비단길 위에 서 있는 상인의 기분을 느끼기도 했지요.

 돈은 언제 누가 발명했는지 정확히 알 수 없지만 물품의 거래를 도와주는 수단으로 생겨났어요. 물품 화폐에서 시작해 금속 화폐를 거쳐 동전과 지폐가 만들어졌고, 기술의 발전에 발맞추어 전자 화폐로까지 발전되었어요.

 나라마다 사용하는 말이 다양하듯 사용하는 돈의 종류도 아주 다양한데,

돈의 도안에는 그 나라의 정치·문화·사회·역사적 특징들이 그대로 드러나 있어요. 그래서 세계의 돈에 관심을 가지면 우리가 살고 있는 지구촌에 대해 많은 것을 알게 됩니다.

지구촌에 대해 아는 것이 많아질수록 다른 나라 사람들도 이웃처럼 느껴져 둥글둥글 지구촌이라는 말을 실감하게 될 거예요.

현대의 돈은 단순히 거래를 도와주는 매개 수단이 아니라, 세계 곳곳을 돌아다니면서 경제 활동이 일어나는 곳에서 경제가 잘 돌아가도록 하는 혈액의 역할을 합니다.

돈의 흐름이 원활하지 못하면 경제가 침체되고, 돈이 부동산 투기처럼 엉뚱한 곳으로 쏠리다 보면 나라 경제에 문제가 생기지요. 또한 세계가 하나의 시장이 되어 버린 최근에는 한 나라에서 돈의 흐름에 문제가 생기면 바로 다른 나라의 경제에도 영향을 끼치게 됩니다.

우리가 무슨 일을 하든지 돈이 필요하니까 돈이 생활에서 차지하는 비중은 아주 커요. '돈으로는 귀신도 부린다'라는 속담이 있을 정도로 돈의 힘은

셉니다.

  물론 돈은 많으면 편리한 생활도 할 수 있고, 즐거운 일도 많이 만들 수 있고, 남을 위해서 좋은 일도 할 수 있어요. 하지만 돈을 많이 가지고 싶은 욕심에 돈 버는 일에만 매달린다거나, 모든 가치를 돈으로만 따지다 보면 사람으로서 지녀야 할 다른 가치를 잃어버리는 수도 있답니다.

  영국의 철학자 프랜시스 베이컨은 '돈은 가장 좋은 하인이며, 가장 나쁜 주인이다'라고 했어요.

  돈 이야기를 찾아 떠나는 세계 여행에서 우리는 돈에 담긴 역사와 문화, 경제 활동에서의 돈의 역할 등을 살펴보게 됩니다. 그러고 난 뒤 우리의 과제는 어떻게 하면 돈이 여러분의 나쁜 주인이 아니라 좋은 하인이 될 수 있는지 생각해 보는 거예요.

차례

작가의 말 돈을 찾아 떠나는 세계 여행 004

첫 번째

아시아 이야기

물품의 교환을 도와주는 여러 가지 물품 화폐 012 단단하고 모양도 변하지 않는 금속 화폐 015 동전을 처음 만든 크로이소스왕 018 보관과 운반이 간편한 지폐 021 눈에 보이지 않는 돈, 전자 화폐 023 화폐 단위에 가장 큰 영향을 준 낱말은? 025 세뱃돈은 빳빳한 새 돈으로 026 25일간만 사용되었던 돈 028 선박 왕국 한국을 만든 500원짜리 지폐 030 잠자는 동전을 찾아라! 033 100만 원이나 하는 500원짜리 동전 036 홍콩 지폐는 열여섯 종류 037 인도인을 하나로 묶은 지폐 속 초상화 040 나라의 재앙을 막아 주는 싱가포르 1달러 동전 042 예금 이자는 없어요 045 사람들이 돈을 쓰지 않아 나라 경제가 위험해요 048

두 번째 유럽 이야기

명령이다, 동전에 내 얼굴을 새겨라! 054 은행의 조상은 의자 056 집을 팔아 튤립을 샀다고? 059 골드스미스의 꾀 062 저금통의 이름은 왜 돼지일까? 065 뉴턴만 보면 줄행랑을 쳤던 위조지폐 범인 067 지폐에 그린 초상화 때문에 처형당한 루이 16세 070 언제든지 지폐를 금으로 바꾸어 줍니다 073 으악, 1백조 마르크 지폐! 076 유로화 사용으로 유럽의 영광을 되찾자 080 유로화 동전의 고향은? 083 유럽 사람들이 존경하는 사람은? 085 세계에서 가장 아름다운 지폐 088 우리 가게에서는 이 돈을 쓸 수 없어요 089 돈이 주렁주렁 달린 웨딩드레스 091

세 번째 아메리카 이야기

돈이 열리는 나무 096 근대 동전의 아버지, 멕시코 은화 098 미국 돈의 단위는 왜 달러가 되었을까? 100 미국 달러는 크기와 색상이 모두 같아요! 102 동전이 없으면 조개껍데기로! 104 국민의 염원이 담긴 캐나다 지폐 106 우리는 혁명가를 존경해요 108 언제든지 금으로 바꾸어 줄게, 달러화를 기준 국제 통화로 하자! 111 환율은 왜 필요할까? 114 돈을 사고파는 외환 딜러 117 세계 경제를 뒤흔드는 환율의 힘 119 20세기 최고의 발명품, 신용 카드 122 우리는 위험 부담이 적은 수표를 사용해요 125 돈보다 중요한 신용 128 외국인이 사용하는 돈은 달라요 130 검은돈 소탕 작전 132 오마하의 현인 133

오세아니아 이야기

네 번째

큰 거래에는 돌 화폐를 140 여왕이 모델료를 받는다면? 142 동전 테두리에 왜 무늬를 넣었을까? 144 지폐에 새긴 남녀평등 사상 145 미국 달러를 우리나라 돈으로 사용할래요 147 물에 젖지 않는 돈 149 반지의 제왕 기념주화 151 우리 마을에는 지역 화폐가 있어요! 154 부자가 되는 비밀 한 가지 156

아프리카 이야기

다섯 번째

카르타고 사람들의 물물 교환 160 아프리카 돈의 주인공은 아프리카 동물들 162 옛 프랑스 식민지가 사용하는 돈 세파 프랑 165 아프리카에서도 모두 같은 돈을 사용한다면? 167 아프리카 여행자들은 어떤 돈을 준비할까? 168 달걀 한 개의 값은 350억 원입니다 171 밥은 먹었니? 174 공짜로 우물을 파 주기보다는…. 175 세상에 하나뿐인 장난감 179

아시아 이야기

아시아는 육지의 약 30퍼센트를 차지한 지구상에서 가장 넓은 대륙으로, 세계 인구의 절반 이상이 살고 있지. 넓은 지역에 걸쳐 많은 민족이 살다 보니 아시아 나라들의 역사와 문화는 다른 대륙에 비해 다양하단다. 그래서 화폐에서도 다른 대륙에 비해 다양한 특색을 찾아볼 수 있어.

아시아 화폐의 대표적인 특징은 앞면 도안으로 대부분 인물 초상을 사용하고 있다는 점이야. 나라마다 인물을 고르는 기준은 차이가 있지만, 다른 대륙에 비해 유명한 정치가나 국왕 등의 초상을 사용한 화폐가 많단다.

물품의 교환을 도와주는 여러 가지 물품 화폐

돈이 만들어지기 전, 고대 중국에서는 물건을 사고팔 때 단단하고 가벼운 조개껍데기를 주고받았단다. 왜 조개껍데기가 돈처럼 쓰이게 되었을까?

옛날 사람들은 자기가 쓰고 남은 물건과 필요한 물건을 서로 바꾸어 사용했어. 그래서 물건이 필요하면 자기가 가진 물건과 필요한 물건을 바꿀 사람을 찾아다녀야 했지.

누가 무슨 물건을 가지고 있는지 모르니, 집집마다 찾아다니려면 무척 힘들었을 거야. 그래서 물건을 바꾸고 싶은 사람들은 마을 앞 공터나 마을과 마을이 갈라지는 길목처럼 사람이 많이 모이는 곳으로 가곤 했지. 그래도 역시 서로 물건을 바꾸는 일은 어렵기만 했어.

언제였는지 정확한 기록은 없지만 한 사람이 기발한 생각을 하게 되었단다.

"거래를 편하게 하기 위해서 중간에 다른 물품을 끼워 넣으면 어떻겠소?"

다른 사람들은 무슨 말을 하는지 이해할 수 없었어.

"예를 들어 이 조개껍데기가 거래를 도와주는 물품이라고 하면 나는 쌀을 팔고 조개껍데기를 받아요. 그리고 항아리가 필요하면 조개껍데기를 주고 항아리를 사는 거지요. 항아리를 판 사람이 짚신이 필요하다면 조개껍데기를 주고 짚신을 삽니다."

이런 일이 이루어지면 물건 바꾸는 일이 훨씬 수월해지겠지?

이렇게 거래를 쉽게 하는 매개물(둘 사이에서 양편의 관계를 맺어 주는 물건)로 사용되었던 물품을 물품 화폐라고 해. 이 밖에도 상품 화폐·실물 화폐·자연 화폐라고도 한단다.

물품 화폐는 고대 중국에서만 사용되었던 것은 아니야. 지역에 따라 물품의 종류는 달랐지만 교환을 도와주는 물품 화폐들이 있었지.

물품 화폐가 처음 쓰이기 시작했을 때는 곡식·짐승 가죽·베·소금 등 생활필수품이 많이 사용되었어. 우리나라 삼국 시대에 주로 쓰였던 물품 화폐는 생활필수품이었던 쌀과 베, 철로 만든 무기 등이었단다.

그런데 생활필수품은 쉽게 상하고 시기에 따라 가치가 변해서, 조개껍데기처럼 보관이나 운반이 쉽고 단단한 물건이나 손쉽게 구할 수 없는 장신구

팁 하나

최고의 물품 화폐, 비단

중국의 비단은 다른 나라와 무역을 할 때 이용되었던 중요한 물품 화폐였다. 서양에서 **비단 1킬로그램**의 가치는 금 **1킬로그램**과 같았고, 중앙아시아에서는 **비단 40필**의 가치가 **말 한 필**과 같았다.

013

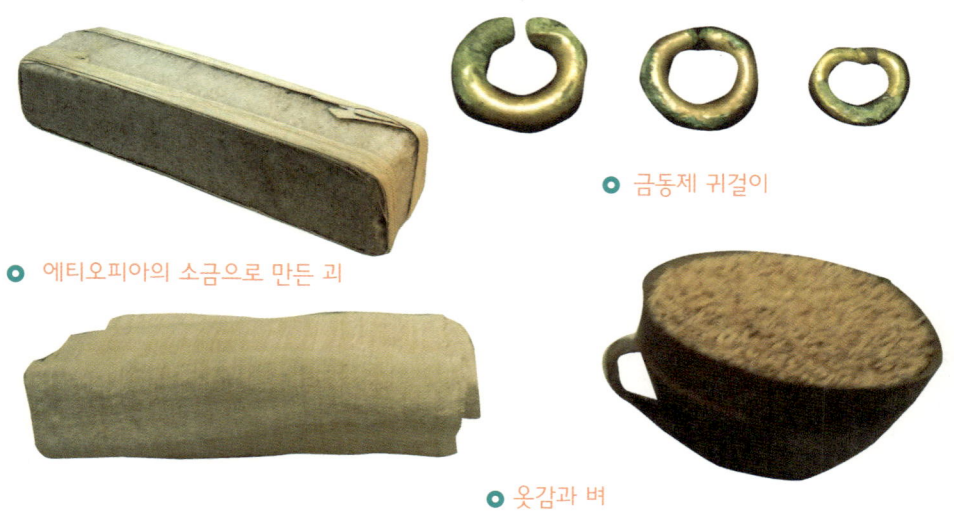

○ 금동제 귀걸이
○ 에티오피아의 소금으로 만든 괴
○ 옷감과 벼

여러 가지 물품 화폐 : 화폐가 사용되기 전 사용했던 물품 화폐들

처럼 귀한 물건들을 물품 화폐로 사용하는 곳도 있었어.

물품 화폐는 현재 사용되는 화폐 단위를 결정하는 데 영향을 미치기도 했단다.

인도와 네팔의 화폐 단위인 루피나 인도네시아의 루피아는 산스크리트어의 '소'를 뜻하는 'Rupya'에서 나온 말이야. 소가 이 지역의 주요한 물품 화폐였던 흔적이지.

파푸아뉴기니의 화폐 단위인 키나는 과거에 화폐로 사용했던 진주조개를 뜻하는 말이란다.

단단하고 모양도 변하지 않는 금속 화폐

"이런, 조개껍데기가 깨져 버렸네. 달걀을 사야 하는데 큰일 났군."

물품 화폐로 사용했던 조개껍데기는 떨어뜨리면 깨져 버리고 소금이나 곡식은 실수로 쏟아 버릴 수 있어. 그래서 이런 물건들은 아주 조심스럽게 다루어야 했어. 사람들은 실수로 떨어뜨려도 손해가 없는 물품을 교환의 매개물로 사용하면 좋겠다고 생각했지.

그러다 사람들이 찾아낸 것이 바로 금속 조각이었어. 금속은 보관하기 쉽고 모양이 잘 변하지 않거든. 그런데 금속 조각은 모양과 무게가 모두 달라. 그래서 거래할 때마다 가치를 따져 보기 위해 일일이 무게를 쟀어.

"여보게, 주고받을 때마다 무게를 재야 하니 너무 번거롭지 않은가? 금속 조각에 무게를 미리 표시해 놓으면 훨씬 편리할 거야."

그래서 나중에는 금속 조각에 아예 금속 무게를 표시해서 사용했어.

중국에서는 청동기 시대부터 금속 화폐를 만들었단다. 비슷한 시기에 서양에서도 금속 화폐를 만들었어.

서양의 금속 화폐는 주로 둥근 모양이었는데 비해, 중국의 금속 화폐는 모양이 다양해. 호미 모양인 포전, 칼 모양을 한 도전, 둥근 모양에 사각 구멍을 뚫은 엽전과 물품 화폐였던 조개의 모양을 본떠서 만든 패화 등 다양한

종류의 화폐가 사용되었단다.

우리가 사용하는 돈의 역할은 교환의 매개 수단, 가치 척도 기능, 가치 저장 수단 이렇게 세 가지로 나눌 수 있단다.

물건과 물건을 바꾸는 불편을 덜어 주려고 물품 화폐가 만들어진 것으로 짐작할 수 있듯이 교환의 매개 수단은 돈의 가장 기본적인 역할이야.

또, 돈은 어떤 상품이나 서비스의 가치를 나타낼 수 있는 기준이 되지. 예를 들어 책 한 권은 1만 원이고 공책 한 권은 1천 원이라면, 책 한 권과 공책 열 권이 같은 가치를 가졌다는 뜻이지. 이것을 가치 척도의 기능이라고 해.

　물물교환을 하던 시대에는 물건과 물건을 동시에 바꾸어야 했어. 요즘은 자기가 가진 것을 팔고 당장 필요한 것이 없으면 돈만 받으면 돼. 이 돈을 지니고 있으면 언제든지 필요한 물건이나 서비스를 살 수 있거든. 그러니까 지폐나 동전은 항상 돈에 표시된 금액만큼의 가치를 인정받는 가치 저장 수단의 역할을 하고 있어.

중국의 금속 화폐

동전을 처음 만든 크로이소스왕

　터키의 남동쪽 일부는 유럽에 걸쳐 있지만 국토의 대부분은 서남아시아에 걸쳐 있어. 오늘날 터키는 아시아가 아니라 잘사는 나라들이 많은 유럽의 국가로 대접받기를 원해. 그러나 유럽의 다른 나라와는 차별되는 역사와 종교적인 특색을 지니고 있단다.
　터키는 유럽이나 아시아 어느 한 대륙에 속하지 않고 두 대륙을 이어 주는 동서양 문화 교류의 통로 역할을 했거든.
　터키의 남동쪽 소아시아 지역에는 기원전 7세기 중반에서 6세기 중반까지 리디아 왕국이 자리 잡고 있었어. 리디아 왕국의 수도였던 사데 지방을 흐르는 강의 바닥에는 금 성분이 섞여 있는 모래가 많았단다. 그래서 모래에서 금을 가려내는 제련업이 발달했어.
　이 지역에서는 금 제련에 사용되었던 도가니가 무려 300개 이상이나 발굴되었는데, 도가니 밑에는 금이 그대로 남아 있었다는구나.
　리디아 왕국의 마지막 왕이었던 크로이소스왕은 아주 부자였다고 해. 그래서 서양에서는 오늘날에도 엄청난 부자를 가리킬 때 '크로이소스만큼 돈이 많다'고 한단다.
　그는 거대한 규모와 뛰어난 예술성을 지닌 장식품으로 유명한 에페수스

리디아 동전

의 아르테미스 신전을 지은 사람이기도 하지. 크로이소스왕은 어떻게 엄청난 부자가 될 수 있었을까?

어느 날 크로이소스왕은 아주 기발한 생각을 했단다.

"금속 조각에 금속의 무게를 표시하는 것보다는 금속으로 일정한 모양을 만든 뒤 가치와 무게를 표시하고 왕인 내가 이를 보증한다는 표시를 하면 근사하지 않을까?"

이리하여 세계 최초의 동전이 태어나게 되었어. 크로이소스왕은 리디아 왕국에서 많이 생산되었던 금과 은의 천연 합금인 호박 금을 이용해서 둥글납작한 동전을 만들었어.

그리고 앞면에는 리디아 왕을 상징하는 그림을 그리고 뒷면에는 동전의 가치와 무게를 보증하는 나라의 인장을 찍었단다. 이 동전은 크로이소스왕을 엄청난 부자로 만들어 주었어.

그리스의 유명한 정치가 솔론은 '쇠로 된 무기가 들어오면 많은 황금도 힘을 잃을 것'이라는 예언을 했단다. 그 예언처럼 엄청난 금으로 부자가 되었던 리디아 왕국은 쇠로 만든 무기를 앞세워 침략한 페르시아에 정복되어 사라졌어.

그러나 동서양을 이어 주는 길목에서 만들어졌던 동전은 사라지지 않고 동서양 여러 지역으로 알려졌지.

그 영향으로 수백 곳의 도시 국가에서 동전을 만들게 되었단다. 이런 동전들은 상업을 발달시키는 데 아주 중요한 역할을 했지.

그러나 동전이 만들어졌다고 해서 물품 화폐가 아주 사라졌던 것은 아니야. 물품 화폐는 다른 종류의 화폐가 만들어진 뒤에도 오랜 기간 동안 이와 함께 사용되었단다.

보관과 운반이 간편한 지폐

1298년 베네치아와 제노바의 전쟁 중에 마르코 폴로(이탈리아의 여행가)는 포로로 잡혀서 제노바 감옥에 갇혔어. 마르코 폴로는 그곳에서 모험 소설 작가 루스티켈로를 만났지. 그는 신이 나서 중국 여행 체험담을 늘어놓았어.

"자네, 중국 사람들이 아주 비싼 물건을 사면서 무엇을 주는지 알아?"

"금이나 은을 주겠지. 아니면 비단이 귀한 물건이니까 비단을 줄 것도 같은데."

"그럴 때도 있지만 중국에서는 큰 거래를 할 때 종이로 만든 돈을 쓴다네."

"거짓말, 불에 타면 흔적도 안 남는 종이로 돈을 만든다고? 지금 나더러 그걸 믿으라는 거야?"

마르코 폴로의 말은 사실이었어. 마르코 폴로가 감옥에서 했던 이야기들은 나중에 《동방견문록》이라는 책으로 만들어졌지. 서양 사람들은 이 책으로 중국의 지폐를 알게 되었고, 이를 아주 신기하게 생각했어.

우리도 지폐가 처음 만들어졌던 시대로 여행을 떠나 볼까?

상업이 발달하게 되자 중국에서는 자루에 동전을 가득 담고 다녀야 할 정도로 거래가 늘어나서 필요한 동전의 양이 엄청나게 많아졌단다.

무거운 동전이 가득 든 자루를 메고 다니는 일은 너무나 불편했어. 여러 날이 걸리는 곳으로 장사를 나갔을 때는 밤에 돈을 도둑맞을까 봐 깊은 잠을 잘 수도 없었지.

그래서 10세기 말 중국 상인들은 보관하기 쉽고 가지고 다니기 쉬운 지폐를 만들어 사용하게 되었어.

하지만 지폐를 만든 상인이 망하거나 도망을 가 버리면 가지고 있는 지폐는 휴지 조각이나 마찬가지였어.

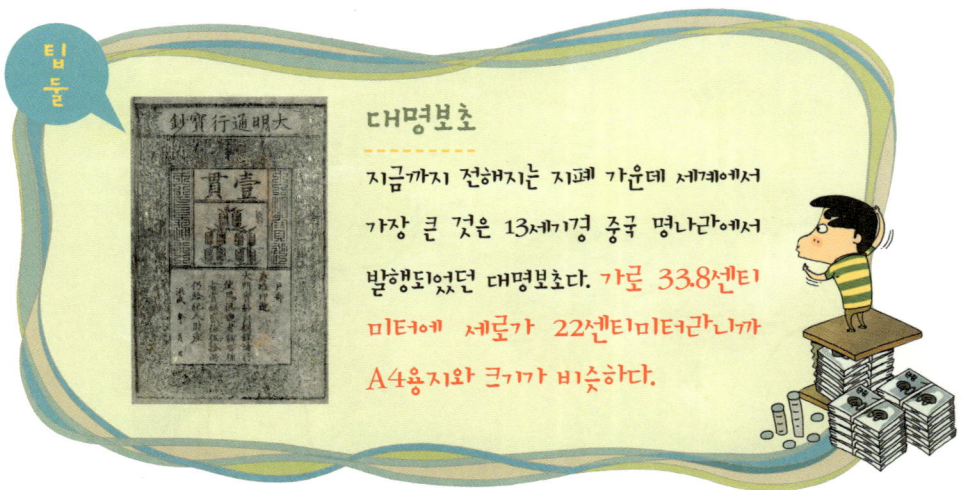

팁 둘

대명보초

지금까지 전해지는 지폐 가운데 세계에서 가장 큰 것은 13세기경 중국 명나라에서 발행되었던 대명보초다. 가로 33.8센티미터에 세로가 22센티미터라니까 A4용지와 크기가 비슷하다.

그래서 중국의 송나라에서는 1160년부터 정부에서 지폐를 만들기 시작했어. 이 지폐를 정부에 가져가면 언제든지 금이나 은으로 바꾸어 주었지. 사람들은 정부의 약속을 믿었으므로 지폐는 문제없이 계속 사용되었단다.

대부분의 홍콩 여행객들은 공항에 내려서 숙소로 가기 전에 Octopus Card옥토퍼스 카드를 산단다. 홍콩에서는 버스나 지하철, 페리 등 모든 교통수단을 이용할 때 돈을 내거나 표를 사는 대신 이 카드를 갖다 대기만 하면 돼. 물론 편의점이나 슈퍼마켓, 패스트푸드점뿐만 아니라 자판기나 주차장에서도 이용할 수 있지.

이 카드는 1997년 9월 첫선을 보인 뒤, 석 달 만에 3백만 장이 팔릴 정도로 인기를 끌었어. 현재 홍콩 사람들의 95퍼센트 이상이 사용하고 있는 Octopus Card는 전자 화폐의 한 종류야.

전자 화폐는 전자 칩 하나만으로 화폐의 역할을 대신해. 지폐나 동전을 가지고 다니는 불편을 없애고 더욱 편리하게 돈을 쓰는 방법을 생각하다가 만들어진 것으로 눈으로 볼 수 없는 돈이지.

현재 쓰이고 있는 전자 화폐는 플라스틱 카드에 전자 칩을 넣어 사용하는 형태와 눈으로 볼 수 없는 인터넷 공간에 돈을 저장해 놓고 필요할 때마다 쓰도록 고안된 네트워크형이 있어.

전자 칩을 넣은 카드식 전자 화폐는 홍콩의 Octopus Card나 우리나라의 T-Money와 같이 미리 예치된 금액 한도에서 사용할 수 있는 것으로 주로 교통수단이나 편의점 그리고 패스트푸드점, 쇼핑몰, PC방 등에서 이용된 단다.

인터넷으로 물건을 사거나 유료 정보서비스를 이용할 때는 네트워크형 전자 화폐를 사용하면 편리하지.

전자 화폐를 처음 발명했을 때는 전자 화폐가 모든 지불 기능을 대신하게 되고 현재 사용하는 것과 같은 화폐는 박물관에나 가야 볼 수 있게 될지도 모른다고 호들갑을 떠는 사람들도 있었어. 그러나 전자 화폐 사용은 꾸준히 늘어나고 있지만 전자 화폐가 현금과 신용 카드를 대신하는 지불 수단으로 자리 잡을지는 더 두고 보아야 해.

홍콩의 Octopus Card와 우리나라의 T-Money

화폐 단위에 가장 큰 영향을 준 낱말은?

예수 그리스도의 탄생지며 7백만 인구 대부분이 유대인으로 이루어진 나라, 이스라엘의 화폐 단위는 세겔이야. 세겔은 구약 성경에 여러 번 등장하는 화폐 단위로 현재 사용되는 화폐 단위 가운데 가장 오랜 역사를 가지고 있지.

구약 성경에는 세겔이 무게의 단위로도 나타나고 있어. 원래 세겔은 히브리어로 '무게를 달다'라는 뜻이었는데 나중에는 무게와 돈의 단위로 사용되었다고 해. 1세겔은 11.4그램에 해당하는 무게였단다.

여기서 퀴즈 문제 하나!

현재 사용되는 여러 나라의 화폐 단위에 가장 큰 영향을 준 낱말은 무엇일까? 힌트는 '금속이 화폐의 역할을 담당했을 때, 그 가치는 이것에 의해 결정되었다'에서 '이것'에 해당하는 말이야.

금속의 가치를 결정했던 것은 무게였지? 그러니까 화폐 단위와 가장 관련이 깊은 단어는 바로 무게야.

유로화가 사용되기 전, 독일의 마르크는 원래 은의 무게를 나타내던 낱말이었고, 이탈리아의 리라도 고대 로마의 무게 단위였던 'Libra'에서 나온 말이지. 영국의 파운드 역시 고대 로마의 무게 단위였던 'Pondus'에서 나온 말이야. 필리핀, 멕시코를 비롯한 동남아시아와 남아메리카 등 여러 나라의 화폐 단위인 페소는 스페인어로 무게라는 뜻을 가지고 있어. 우리 조상들이 돈을 셀 때 사용했던 냥도 무게의 단위였단다.

세뱃돈은 빳빳한 새 돈으로

우리나라 어린이들이 가장 손꼽아 기다리는 명절은 언제일까? 두말할 필요 없이 세뱃돈을 받는 설날일 거야. 사실 세뱃돈을 주는 것은 우리 고유의 풍습은 아니란다. 중국에서 유래된 풍습이 한국과 일본으로 전해진 거야.

예로부터 중국에서는 음력 새해 첫날 붉은색 봉투에 돈을 넣어 아랫사람들에게 나누어 주었단다. 중국인에게 붉은색은 행운과 발전을 뜻해. 빨리 성장해서 돈을 많이 모으라는 격려의 의미로 이런 풍습이 생겼다고 해.

일본에서는 음력 대신 양력으로 새해를 축하하지만 중국에서 돈을 주는 풍습을 본받아 새해에 돈을 주기 시작했어. 붉은색 봉투 대신 여러 가지 무늬가 그려진 봉투에 돈을 넣어 준단다.

우리 조상들은 원래 세배를 하면 돈이 아니라 곶감, 대추 등 과일과 음식을 주었단다. 그런데 한국에도 일제 강점기에 세뱃돈을 주는 풍습이 널리 퍼지게 되었고, 요즘은 '설날' 하면 가장 먼저 떠오르는 낱말이 '세뱃돈'이 되어 버린 거야. 어른들은 세뱃돈을 주려고 일부러 빳빳한 새 돈을 준비하는 데 왜 그러는 걸까? 모든 상품은 새것과 헌것의 가치가 다르지. 단 하루를 쓰다가 팔아도 새 제품과 중고 제품의 가격은 차이가 나.

하지만 화폐는 그렇지 않아. 잉크 냄새가 덜 빠진 것 같은 한국은행에서 금방 나온 1만 원짜리 지폐의 가치도 1만 원이고, 너덜너덜해서 폐기되기 직전의 1만 원짜리 지폐의 가치도 1만 원이야.

비록 가치는 같지만 누구나 낡은 지폐보다는 새 지폐를 좋아해. 그래서 새해 첫날인 설날에 주는 세뱃돈이니까 기분 좋으라고 새 지폐로 주는 거야.

팁 셋

무게 이외의 화폐 단위 유래

중동 여러 나라와 유고의 디나르(Dinar)는 로마의 화폐 단위 데나리우스(Denarius)에서 덴마크·스웨덴·노르웨이의 크로나(Krona)는 16세기 영국에서 발행한 대형 은화의 명칭인 크라운(Crown)에서 유래했다. 엘살바도르와 코스타리카의 콜론(Colon)은 아메리카 대륙을 발견한 콜럼버스(Columbus)의 이름에서 유래했다. 중국의 위안(Yuan)은 19세기 중국 사람들이 다른 나라 은화들을 '둥근 것'이라는 뜻을 가진 위안이라고 부른 데서 유래되었는데, 우리나라의 원과 일본 엔의 유래에 대해서는 다양한 설이 있다.

25일간만 사용되었던 돈

1945년 8월 15일, 일본으로부터 나라는 되찾았지만 한국은 남한과 북한으로 갈라져 서로 다른 이념을 가진 정부가 세워졌어.

그리고 1950년부터 3년에 걸쳐 같은 민족끼리 총을 겨누고 6·25 전쟁을 치르는 등 험난한 시절이 계속되었지.

이런 혼란 때문에 1962년 제1차 경제 개발 계획이 시작되기 전까지 한국은 세계에서 가장 못사는 나라 가운데 하나였단다.

이런 가난을 벗어나 보려고 정부는 '경제 개발 5개년 계획'을 세우고 1962년부터 실행에 들어갔어.

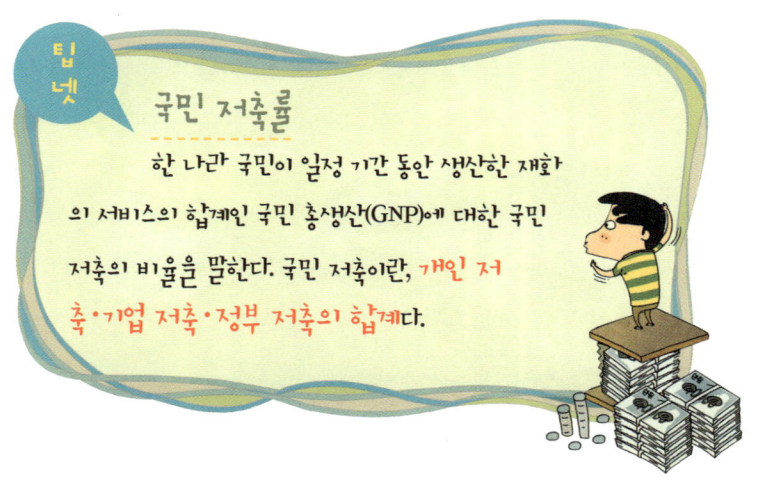

팁 넷

국민 저축률
한 나라 국민이 일정 기간 동안 생산한 재화와 서비스의 합계인 국민 총생산(GNP)에 대한 국민 저축의 비율을 말한다. 국민 저축이란, 개인 저축·기업 저축·정부 저축의 합계다.

국민들의 생활필수품과 국외에 수출할 물건을 만들어 내는 공장을 짓는 것이 가장 시급한 일이었어.

1차 경제 개발 5개년 목표는 연평균 7.1퍼센트의 경

처음으로 여성 도안이 사용된 100환 지폐

제 성장을 이루는 것이었단다. 말하자면 매년 생산량을 7.1퍼센트씩 늘리겠다는 거지. 생산을 늘리려면 우선 공장을 세워야 하니까 공장을 지을 돈을 마련하는 것이 급선무였어.

국민 저축률이 21퍼센트는 되어야 공장을 지을 돈을 마련할 수 있는데, 당시 우리의 국민 저축률은 3퍼센트였단다. 무엇보다도 시급한 일은 저축률을 높이는 일이었지.

저축률을 높이려는 방법의 하나로 정부에서는 저축을 장려하는 지폐를 발행하기로 했단다.

1962년 5월 16일, 한복 차림의 한 젊은 엄마가 색동옷을 입은 아들과 함께 저금통장을 흐뭇하게 바라보는 모습이 그려진 100환권이 발행되었어.

그런데 그 시절에 한창 경제 활동을 했던 어른도 이 돈을 기억하는 사람은 많지 않아. 왜냐하면 이 지폐는 발행된 지 채 한 달도 되지 않아서 사용할 수 없게 되었거든.

그래서 우리 화폐 역사상 가장 짧은 기간 유통되었던 돈이라는 기록을 세우게 되었어.

인쇄에 무슨 문제가 있었느냐고? 그건 아니고 1962년 6월 10일, 제3차 통화 개혁이 단행되어 이날을 기해서 예전에 사용했던 돈 대신 모두 새로 발행된 돈을 사용해야 되었기 때문이야.

경제 개발에 필요한 자금을 모으려면 국민 저축률을 높이는 것보다 더 강력하고 적극적인 방법이 필요하다고 판단해서, 사용하는 돈을 전부 바꾸어 버린 거야.

수명은 겨우 25일이었지만 이 돈은 우리나라에서 지폐의 인물로 여성이 그려진 최초의 지폐라는 또 하나의 기록을 가지고 있어.

이 두 가지 기록 때문에 우리 화폐 이야기를 할 때마다 약방의 감초 역할을 하는 지폐란다.

선박 왕국 한국을 만든 500원짜리 지폐

한국은 세계에서 제일 선박을 많이 수출하는 나라이고, 우리나라 기업인 현대중공업은 선박을 만드는 조선업 분야에서 세계 1위의 기업이란다. 한국은 어떻게 오늘날과 같은 선박 왕국이 되었을까?

1973년 1월, 정부에서는 중화학공업화 선언을 하고 지속적인 경제 성장을

거북선이 그려져 있는 500원 지폐

위해서는 한국이 중화학공업 분야에서 경쟁력을 가져야 된다고 역설했어.

그런데 한발 앞서서 중공업 분야에서 세계 제일이 되어야겠다고 결심한 사람이 있었단다. 바로 현대 그룹의 창립자인 고 정주영 회장이야.

그는 중공업 분야 가운데도 조선업이 유망하다고 판단하고 배를 만드는 공장인 조선소를 지을 땅을 마련했어. 하지만 공장을 세울 돈이나 배를 만드는 기술이 있었던 것은 아니었어.

정주영 회장의 특기는 '무조건 부딪치고 보자'는 뚝심이란다. 그래서 1971년 9월, 비행기를 타고 런던으로 갔어.

영국 회사에 조선 기술과 선박 판매에 대한 협조를 얻고, 영국 바클레이즈은행에 조선소를 짓는 데 들어가는 돈을 빌리기 위해서였어.

당시 한국의 공업화는 값싼 노동력을 이용해서 섬유·합판·가발·신발 등의 경공업 제품을 생산해 수출하는 정도였을 뿐 중공업 분야의 공업화는 아직 걸음마 단계였어.

"안 됩니다. 당신이라면 조선소를 지어 본 경험도 없는 회사에 돈을 빌려

주겠소?"

은행에서는 한마디로 거절했지.

그러나 그냥 물러날 정주영 회장이 아니었어. 그는 바지 주머니에서 500원짜리 지폐를 꺼내 뒷면에 그려진 거북선 그림을 보여 주었어.

"이 돈을 보시오. 이것이 거북선이오. 우리는 영국보다 300년 전인 1500년대에 이미 철갑선을 만들었소. 단지 산업화의 시작이 늦어졌을 뿐, 그 잠재력은 그대로 갖고 있소."

500원짜리 지폐에 그려진 거북선을 보고 영국 사람들은 깜짝 놀랐단다. 돈의 도안이 한 나라의 역사나 문화를 알리고, 국민을 하나로 묶는 힘을 가지고 있음을 아는 그들은 결국 조선소를 지을 돈을 빌려주기로 약속했어.

뿐만 아니라 정주영 회장은 조선소 건설을 시작하기 전인 1972년 2월, 그

리스의 회사로부터 원유 운반선 두 척을 만들어 달라는 주문까지 받았단다.

그러니까 한국이 오늘날 선박 왕국이 되는 데 기여한 일등 공신은 500원짜리 지폐에 그려졌던 거북선이라고 해도 지나친 말이 아니지?

지갑에서 100원짜리 동전을 꺼내려다 잘못해서 떨어뜨린 적이 있니?

동전은 데굴데굴 굴러서 장롱 밑으로 들어가 버리기 일쑤야.

"그래, 장롱 밑에서 잠이나 자라. 100원짜리 동전을 꺼내자고 기운을 뺄 수야 없지."

이렇게 해서 100원짜리 동전은 장롱 밑에서 잠을 자게 되지. 그런데 우리 주위에는 할 수 없이 잠을 재우는 동전뿐만 아니라 관심을 갖지 않아 잠을 재우는 동전도 아주 많단다.

지금까지 한국은행에서 공급한 10원 이상의 동전은 국민 한 사람이 300개 넘게 가질 수 있는 양이야. 사실 잠자는 동전이 없다면 이렇게 많은 동전을 만들 필요가 없었을 거야.

물건을 판 상인들이 거스름돈을 주려면 항상 동전이 필요해. 그런데 사람

들이 거스름돈으로 받은 동전을 사용하지 않고 저금통이나 책상 서랍 속에서 잠자게 만드니까 자꾸 동전을 만들어야 하는 거란다.

그런데 경제가 어려워지면 한동안 잠자고 있던 동전들이 다시 깨어난대. 주머니 사정이 어려워지면 사람들이 알뜰해져서 동전 한 푼이라도 귀하게 여기기 때문이지.

이렇게 사람들이 잠자고 있던 동전을 찾아내 사용하게 되면 한국은행은 새로운 동전을 발행할 필요가 없어서 새 동전을 만드는 데 들어가는 돈을 절약할 수 있어. 잠자는 동전을 찾아내 사용하는 것뿐만 아니라 지폐를 깨끗이 사용하는 일에도 관심을 가질 필요가 있어.

　세상을 돌아다니다가 더 이상 사용할 수 없게 된 지폐를 한국은행으로 가져가면 새 돈과 바꾸어 준단다. 한국은행에서는 이런 지폐를 100장씩 묶어서 양쪽에 커다란 구멍을 뚫어 버리지. 그러면 지폐로서의 일생이 끝나는 거야.

　못 쓰게 된 지폐는 잘게 부수어 둥근 막대 모양으로 만들어 건물 바닥재나 자동차의 흔들림을 막아 주는 패드를 만드는 공장으로 보내져.

　한국은행에서 발행된 지폐의 수명은 1천 원짜리와 5천 원짜리는 60개월, 1만 원짜리는 130개월이란다.

　다른 나라 지폐에 비해 우리 지폐의 수명은 짧은 편이야. 우리나라 사람들이 신용 카드나 수표보다는 현금을 더 많이 사용하고 돈을 거칠게 다루기 때문이지.

　우리나라에서 매년 새 돈을 만드는 데 들어가는 비용은 무려 300억 원 이상이 된다는구나.

　이런 비용은 모두 국민들이 낸 세금에서 사용되니까, 잠자는 동전을 찾아서 사용하고 지폐를 깨끗하게 사용하는 습관을 기르는 것도 나라를 위해 꼭 필요한 일이야.

100만 원이나 하는 500원짜리 동전

"웅아, 돼지 저금통에 있는 동전을 모두 꺼내 볼래? 만약 1998년에 만든 500원짜리 동전이 있다면 삼촌이 5만 원 줄 테니까 바꾸자."

웅이는 이게 웬 떡이냐 싶어서 저금통에서 동전을 모두 꺼내 1998년에 만든 500원짜리 동전을 찾아보았지만 하나도 없었어. 200개도 넘는 500원짜리 동전 가운데 1998년에 만들어진 동전이 전혀 없는 이유는 무엇일까?

1998년은 '외환 위기'가 발생한 직후로 경제적으로 아주 어려웠던 시기였어. 주머니 사정이 나빠진 사람들은 그동안 잠재웠던 동전을 꺼내서 사용했기 때문에 새롭게 만들어야 하는 동전의 수가 줄었다고 해.

그래서 1998년에 만들어진 500원짜리 동전은 겨우 8천 개뿐이래. 그 가운데 일부는 해외 선물용 주화 세트 속에 포함되어 외국으로 나갔으니까 국내에 남아 있는 1998년에 만들어진 500원짜리 동전은 정말 희귀하단다.

그런데 삼촌은 왜 500원짜리 동전과 5만 원을 맞바꾸자고 한 걸까? 사실은 1998년에 만들어진 500원짜리 동전 가운데 거의 사용한 흔적이 없는 것은 100만 원 정도의 가격으로 팔 수 있기 때문이지. 가격이란, 재화나 서비스를 사용하기 위해 사람들이 지불하는 돈의 가치야. 학용품 가게에서 공책 한

권을 사면서 1천 원을 주었다면 공책 한 권의 가격이 1천 원이라는 뜻이지.

상품 가격은 수요와 공급에 따라 달라져. 어떤 물건을 사겠다는 수요가 팔겠다는 공급보다 많아지면 가격은 올라가지.

돈의 가치는 돈에 적혀 있는 금액으로 결정 돼. 하지만 돈이 하나의 상품이 될 때는 가치가 올라갈 수 있단다. 옛날 돈이나 희귀한 돈은 원래 가치가 아니라 상품 가치를 기준으로 사고 팔리는 상품이야.

1998년에 만들어진 500원짜리 동전은 희귀한데 사겠다는 사람이 생기니까 원래 가치보다 아주 높은 가격으로 거래되는 거야.

당장 돼지 저금통 속의 동전을 모두 꺼내 1998년에 만들어진 500원짜리 동전이 있는지 찾아보아야겠다고? 하하, 마음대로 해.

홍콩 지폐는 열여섯 종류

지갑 속에 있는 돈을 모두 꺼내서 동전과 지폐에 쓰인 글씨를 살펴보자. 모두 한국은행이라는 글이 새겨져 있지? 우리 돈을 발행하는 기관이 한국은행임을 나타낸 거야.

우리의 중앙은행인 한국은행처럼 나라마다 돈을 발행하고 관리하는 곳이 있단다. 미국의 연방 준비 제도·일본의 일본은행·싱가포르의 싱가포르 통화청·중국의 중국 인민은행 등이 그런 역할을 담당하는 기관이야.

그런데 중국 내 특별 행정 구역인 홍콩에서는 특이하게도 세 군데 은행에서 서로 다른 도안의 돈을 발행하고 있어. 중국은행에서 발행한 돈의 앞면 도안은 중국은행 본점 건물이고, 스탠다드차터드은행이 발행한 돈의 앞면 도안은 거북·사자·기린·봉황·용 등의 동물이야. 홍콩 상하이은행이 발행한 돈에는 청동 사자상이 그려져 있지.

홍콩에서는 모두 여섯 종류의 지폐가 발행되는데, 2002년 9월부터 가장 낮은 금액인 10 홍콩 달러 지폐는 중앙은행의 역할을 하는 홍콩 통화청에서 직접 발행하게 되었어. 하지만 20, 50, 100, 500, 1000 홍콩 달러 지폐는 모두 세 은행에서 만드니까 사용되는 지폐가 무려 열여섯 종류나 된단다. 발행 은행은 달라도 회색·보라색·적색·갈색·오렌지색 등 금액에 따라 지폐의 색상은 비슷해서 금액별 지폐를 구별하기는 어렵지 않다니 그나마 다행이지?

홍콩 달러를 발행하는 은행들이 자기들 마음대로 돈을 발행하느냐고? 물론 아니지. 경제 규모는 커지지 않는데 한 나라에서 사용되는 돈의 양이 늘어나면 물가가 오르고 이것으로 경제 활동에 문제가 생기게 된단다. 그래서 중앙은행들은 물가를 안정시키고 경제 활동이 원활하게 돌아갈 수 있도록 각 나라 안에서 사용되는 돈의 양을 조절하는 일을 하고 있지.

홍콩에서는 홍콩 통화청이 이런 역할을 담당하고 있지. 세 은행은 홍콩 통화청에 달러화를 주고, 그에 해당하는 만큼의 홍콩 달러 지폐를 발행할 권리를 얻은 뒤에 돈을 발행할 수 있단다.

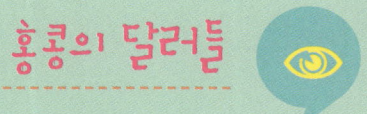
홍콩의 달러들

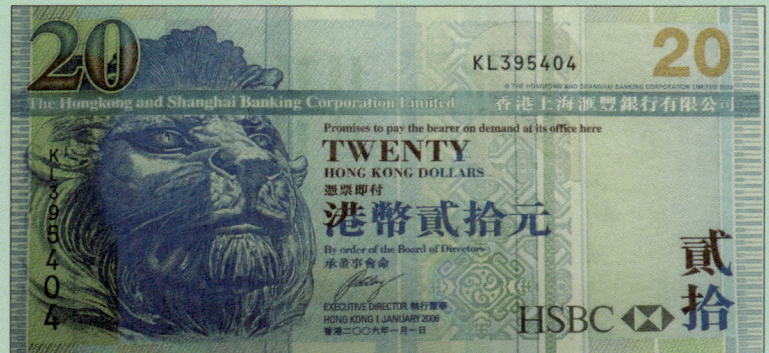

홍콩 상하이은행 홍콩 달러

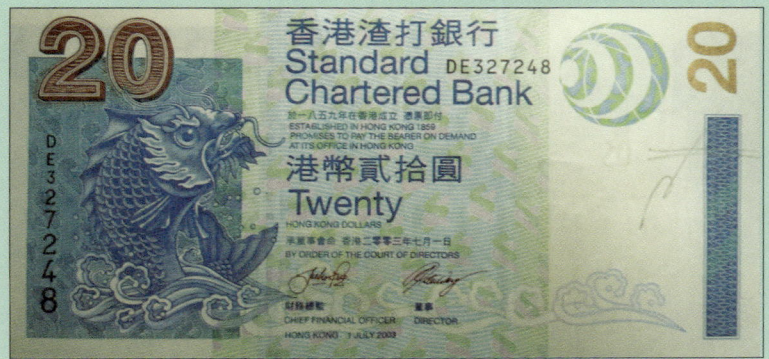

스탠다드차터드은행 홍콩 달러

중국은행 홍콩 달러

인도인을 하나로 묶은 지폐 속 초상화

　세계에서 일곱 번째로 넓은 국토에 둘째로 많은 인구를 가진 인도에서 사용하는 언어는 공식적으로 인정한 것만도 영어 이외에 아삼어·벵골어·구자라트어·힌디어·칸나다어·카슈미르어·말라얄람어·마라타어·오리야어·펀자브어·산스크리트어·신드어·타밀어·텔루구어·우르두어 등 무려 15개란다. 그래서 인도 화폐인 루피 지폐에는 이 모든 언어로 금액이 표시되어 있어. 모든 국민들이 지폐의 액면 금액을 쉽게 알아볼 수 있도록 하기 위한 배려야.
　반면 모든 지폐의 앞면에는 마하트마 간디의 초상이 그려져 있어. 마하트마 간디는 영국의 식민지 시절 '비폭력, 무저항'을 내세우며 독립운동을 이끌

마하트마 간디 초상이 들어간 인도의 화폐

어 1947년 8월 15일 인도의 독립을 이루어 낸 민족의 영웅이야.

인구가 14억이나 되고 다양한 민족이 모여 사는 인도에는 독립 국가를 세우겠다거나 중앙 정부의 간섭을 받지 않고 자기 민족들끼리 스스로 알아서 살겠다며 여기저기서 반란이 일어났어. 민족 간의 갈등과 더불어 인구의 80퍼센트를 차지하는 힌두교도들에 대항하는 이슬람교도, 시크교도들의 종교적인 대립도 심각하단다.

이런 인도에서 나라의 평화와 안전을 유지하려면 국민을 하나로 묶는 중심점이 있어야 해. 그래서 모든 사람의 존경을 받는 마하트마 간디를 화폐의 도안으로 내세운 거야. 인도의 지폐는 '인도는 하나'임을 강조해 국민의 결속력을 높이는 데 중요한 역할을 하고 있단다.

아시아에는 인도의 마하트마 간디처럼 한 사람이 그 나라 모든 화폐의 주인공인 경우가 있어. 중국 인민 공화국의 초대 주석 마오쩌둥, 민족 운동 지도자였으며 베트남 민주 공화국의 초대 대통령인 호치민, 마하 와치랄롱꼰 태국 국왕, 유숩 빈 이샥 싱가포르 초대 대통령, 투안구 압둘 라만 말레이시아 초대 국왕 등이 그런 인물이야.

이들의 특징은 식민지 시절 조국의 독립을 위해 투쟁했거나 새로운 국가 질서를 수립했던 정치 지도자라는 점이지.

041

나라의 재앙을 막아 주는 싱가포르 1 달러 동전

싱가포르는 1965년 독립한 작은 나라지만 1인당 국민 소득이 3만 달러가 넘는 경제적으로 풍요로운 곳이야.

싱가포르가 동남아시아에서 가장 경제적 번영을 누리는 나라가 된 것은 1959년 싱가포르 자치령 시절부터 시작해 독립 국가가 된 뒤 1990년까지, 무려 30여 년 동안 싱가포르를 이끌었던 리콴유 총리의 역할이 컸단다.

그는 국민을 위한 깨끗한 정치를 했고, 눈부신 경제 발전을 이룩한 공로로 장기간 최고 권력을 가진 정치가의 위치를 지킬 수 있었어.

풍수지리에 관심이 많았던 리콴유 총리는 큰일을 계획할 때마다 존경하는 스님에게 자문을 구하는 경우가 많았다고 해. 풍수風水는 '바람風'과 '물水'을 합친 말이니까 자연을 뜻하는데, 풍수지리를 중요시하는 사람들은 인간이 하는 일도 자연과 조화를 이루어야 좋다고 생각해. 그래서 집터나 묘지를 정하거나 건축을 할 때 이런 조화를 먼저 따져본단다.

1980년대 중반, 싱가포르의 교통 체증을 해결하려고 지하철을 건설하는 계획을 세운 후에도 그는 스님에게 자문을 구했단다.

"싱가포르는 용이요. 그런데 금속성의 거대한 열차가 싱가포르 땅속을 달린다면 이는 용의 맥을 끊는 것과 마찬가지입니다. 싱가포르의 앞날에 큰 타격을 받게 되지요."

교통 체증을 해결하려면 지하철을 건설하는 것이 가장 좋은 방법인데 이것이 나라의 앞날에 좋지 않은 결과를 가져올 거라는 답을 듣고 그는 매우 낙심했어.

"스님, 지하철도 만들고 나라의 기운도 해치지 않는 좋은 수는 없을까요?"

한참을 고심하던 스님이 말문을 열었어.

"모든 싱가포르 사람이 팔괘八卦를 지니고 있으면 문제가 없을 거요."

팔괘란, 하늘·땅·천둥·불·늪·바람·물·산을 상징하는 기호로 언뜻

팔괘를 본따 팔각형으로 만든 싱가포르 1달러 동전

보면 팔각형 모양으로 보이지. 그래서 총리는 모든 싱가포르 사람들이 팔각형 모양의 물건을 가지고 다닐 방법을 찾으려고 고심했단다.

"아하! 좋은 수가 있어. 싱가포르 동전에 팔각형을 새기자. 그럼 모든 싱가포르 사람들이 팔괘를 지니고 다니는 효과를 낼 수 있어."

그래서 1987년부터 팔각형이 새겨진 싱가포르의 1달러 동전이 발행되었단다. 스님의 처방이 효과가 있었는지 지하철을 만든 이후에도 싱가포르는 지속적으로 발전했어.

동양 사상을 모르는 사람들에게는 그저 웃어넘길 이야기지만 이를 통해 우리는 문화가 돈의 도안에 어떤 영향을 끼치는지 짐작할 수 있단다.

예금 이자는 없어요

"용돈을 받으면 우선 저축부터 해야지. 이렇게 돈을 다 써 버리면 어떻게 해."

이번 달에도 야마다 아이코는 한 푼도 저축하지 않고 용돈을 모두 써 버린 것 때문에 꾸중을 들었어.

"이자도 주지 않는데 예금을 왜 해요? 사람들이 물건을 사지 않으니까 일본 경제가 좋아지지 않는 거래요."

"그래도 어려서부터 저축하는 습관을 길러야 해. 저축한 돈이 없으면 갑자기 큰일을 당했을 때 고생을 한단다."

부모님은 용돈의 30퍼센트는 무조건 저축하는 습관을 기르라고 하고, 뉴스에서는 소비를 하지 않으니까 일본 경제가 살아나지 않는다고 하는데, 도대체 어느 말이 맞는 거야?

둘 다 맞는 말이란다.

우선 왜 일본 은행들이 예금 이자를 주지 않는지 알아보기로 하자.

돈을 빌린 사람이 돈을 쓴 대가로 주는 것을 이자라고 해. 우리가 은행에 예금을 하면 이자를 주지. 예금은 은행에서 보면 우리에게 돈을 빌린 셈이니까 이자를 주는 거야.

045

　금리란, 원금에 대해 이자를 얼마나 주는지를 나타낸 말이야. 100만 원을 빌렸을 때 1년에 5만 원의 이자를 받는다면 금리는 5만 원을 100만 원으로 나눈 뒤 100을 곱해서 얻게 되는 값 5만 원÷100만 원×100 으로 연 5퍼센트가 되지.

　예금에 적용하는 금리는 예금 금리고, 돈을 빌릴 때 적용하는 금리는 대출 금리라고 해.

　예금 금리는 예금 종류에 따라 달라지는데, 언제나 찾을 수 있는 '요구불 예금'은 금리가 낮고 정기 예금처럼 예금 기간이 정해진 '저축성 예금'의 금리는 높아.

 금융 기관이 오랜 시간 동안 안심하고 돈을 활용할 수 있으니까 더 높은 금리를 주는 거지.

 보통 대출 금리는 예금 금리보다 높아. 그래야 은행에서 이윤을 남길 수 있으니까.

 물가가 크게 오르고 경제가 불안하면 금리는 높아져. 물가가 자꾸 오르면 사람들은 금융 기관에 돈을 맡기기보다는 집이나 땅을 비롯해 무엇이든 사서 두는 것을 좋아하거든.

 돈을 빌려서라도 집이나 땅을 산다면 금융 기관에 돈을 맡기는 사람보다 빌리는 사람이 더 많아져. 그럼 금리는 올라가게 되지.

 반대로 물가가 오르지 않으면 집이나 땅을 사두어도 오르지 않으니까 여

팁 다섯

72의 법칙

'72의 법칙'을 이용하면 예금한 돈을 두 배로 불리는 데 필요한 기간을 간단히 알 수 있다. 72를 이자율로 나누어 나온 숫자가 예금한 돈이 두 배로 늘어나는 데 걸리는 기간이다. 예금 금리가 4퍼센트라면 72 나누기 4는 18, 즉 18년 정도 걸린다.

윗돈이 있으면 차라리 은행에 예금을 한단다.

돈을 빌리겠다는 사람이 없으면 금리는 낮아지게 돼. 그런데 돈을 빌리는 사람이나 기업이 없어 돈을 쌓아 두고 있으면서 예금 이자를 준다면 은행은 손해를 보게 되지. 이런 경우 은행은 아예 예금 이자를 주지 않아.

2000년대 전반 일본에서는 이런 현상이 계속되어 은행에서 예금 이자를 주지 않았단다.

사람들이 돈을 쓰지 않아 나라 경제가 위험해요

어른들은 용돈을 받으면 모두 써 버리기 전에 적은 돈이라도 꼬박꼬박 저축하는 습관을 기르라고 하지. 저축을 하면 어떤 점이 좋은 걸까?

저축을 하면 미래에 일어날 수 있는 사고나 재앙을 대비할 수 있단다. 살다 보면 가족 가운데 누군가 큰 병이 들거나 교통사고를 당해 병원비가 갑자기 필요할 수 있어. 또 아버지가 회사를 그만두시거나 월급을 못 받는 일이 일어날 수 있지.

평소에 저축한 돈이 있으면, 어려운 일이 일어났을 때 잘 넘길 수 있어. 또 저축을 하면 나라 경제가 튼튼해져.

우리가 은행에 저축을 해야 은행에서는 필요로 하는 기업에 돈을 빌려줄 수 있어. 기업이 은행에서 돈을 빌려 물건을 만들기 위한 공장을 지으면 자연스럽게 일자리가 생기고 경제도 활발하게 돌아가. 그러니까 나라 경제를 튼튼하게 하려면 우리가 저축을 많이 해야 한단다.

뿐만 아니라 저축을 하면 목돈을 모을 수 있어. 매달 조금씩이지만 규칙적으로 저축을 하면 쉽게 목돈을 모을 수 있단다.

한 달에 1만 원씩 저축한다고 하면 1년이면 12만 원을 모을 수 있어. 한 푼 두 푼 모으다 보면 자기도 모르는 사이에 그 돈이 십만 원이 되고 백만 원이 되지.

이처럼 저축을 하면 미래를 대비할 수 있는 힘이 생기니까 어른들은 저축을 강조하는 거야.

그런데 2000년대 일본에서는 국민들이 지나치게 돈을 쓰지 않아서 오히려 나라 경제에 문제가 생겼어.

1990년대 말 지나치게 오른 부동산 가격이 문제가 되면서 일본 경제는 가라앉기 시작했단다. 경기가 나빠지면 미래가 불안하므로 사람들은 소비를 줄이게 되지. 물건이 잘 팔리지 않으면 공장에서는 물건을 덜 만들 수밖에 없어.

그러다가 아예 문을 닫는 공장이 생기기도 해. 공장이 문을 닫으면 그만큼 일자리가 줄어들어. 일자리를 잃게 된 사람들은 돈을 벌지 못하니까 소비를 더욱 줄인단다. 그럼 공장은 또 생산을 줄여.

이런 일이 자꾸 되풀이되면서 일본 경제는 10년보다 긴 기간 동안 좋아지지 않았단다. 얼마나 답답하면 경제를 살리는 소비가 필요하다고 정부에서 국민들에게 물건을 사라며 상품권을 나누어 주기까지 했겠니?

자기 분수를 모르고 버는 돈보다 더 많은 돈을 써 버리면 안 되지, 소비 자체가 나쁜 건 아니란다. 그래서 나라 경제를 생각하면 무조건 안 쓰고 저축만 하는 것도 바람직한 일이 아니야.

수학에서는 1 더하기 1은 2라고 항상 답이 정해져 있지만 돈과 관련된 문

제는 수학 문제와는 다르단다. 이것저것 따져보고 자기에게 가장 좋은 답을 찾아낼 줄 아는 사람이 현명한 경제생활을 할 수 있어.

만약 야마다 아이코가 용돈의 일부를 저축하는 게 좋은지 모두 써 버리는 게 좋은지 네게 물어본다면 어떻게 답해 줄래?

유럽 이야기

유럽은 일찍부터 문화가 발달했고, 다른 대륙에 앞서 공업화가 이루어져서 근대에는 경제적으로 가장 부유한 지역이었어. 그러나 두 차례의 세계 대전을 거치면서 미국이 경제적으로 가장 강대한 나라가 되었지.

힘을 합쳐 옛날의 영광을 다시 찾고 싶었던 유럽 사람들은 유럽 연합을 중심으로 뭉치게 되었고, 경제의 효율성을 높이려고 유럽 중앙은행을 만들고 같은 화폐인 유로화를 사용하자는 결정을 내렸어. 유로화의 도안으로는 개방과 상호 교류를 뜻하는 문과 다리를 택했지.

그러나 유로화가 사용되기 이전 각 나라의 돈에는 예술과 문화의 대륙답게 많은 국가가 유명한 작가와 음악가 그리고 화가의 초상을 도안으로 사용했단다.

명령이다, 동전에 내 얼굴을 새겨라!

2004년 2월, 아마추어 고고학자인 한 영국인이 금속탐지기를 들고 잉글랜드 중부 옥스퍼드셔 들판을 돌아다니다가 로마 시대 동전 5천 개가 들어 있는 질그릇을 발견했단다.

이 속에서 도미티아누스 2세의 얼굴이 새겨진 희귀 동전 한 개가 나왔어.

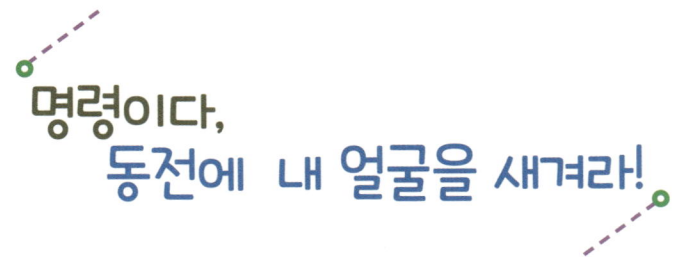

데나리우스 은화

도미티아누스 2세 은화

 그 동전에는 '카이사르 도미티아누스 피우스 펠릭스아우구스투스'라는 글자도 새겨져 있었단다.

 도미티아누스 2세는 일주일 정도 로마 황제로 있었지만 곧 반역자로 몰려 처형된 인물이었다고 해. 역사에는 그가 황제가 되었다는 기록이 없어서 잃어버린 황제로 남아 있었지.

 그런데 이 동전 한 개가 그가 황제였음을 증명해 주었어. 왜냐하면 로마는 황제가 바뀔 때마다 동전의 초상이 바뀌는 독특한 화폐 문화를 가지고 있었거든.

 서기 1세기 로마의 초대 황제가 된 아우구스투스 황제는 이런 명령을 내렸어.

055

"지금부터 만드는 로마 동전에 황제인 내 얼굴을 새겨 넣도록 하여라."

아우구스투스 황제 이후에도 새로 황제가 된 사람들은 모두 자신의 초상을 새긴 동전을 만들도록 했단다. 그래서 로마는 황제가 바뀔 때마다 새 동전을 만들었어.

도미티아누스 2세의 얼굴을 새긴 동전은 100년 전 프랑스에도 한 개가 발견되었지만 기록에 없는 황제가 새겨졌다는 이유로 위조 동전이란 판정을 받았단다. 하지만 똑같은 동전이 영국에서 다시 발견됨에 따라 도미티아누스 2세가 200년대 후반 로마의 황제였음이 확실해진 거야.

잠깐, 화폐를 하나의 골동품이라고 본다면 무엇이 상품의 가치를 높이는 요인이 될까? 바로 희소성이야. 그래서 지금까지 단 두 개만 발견된 이 동전이 세계에서 가장 비싼 동전으로 자리매김하게 되었단다.

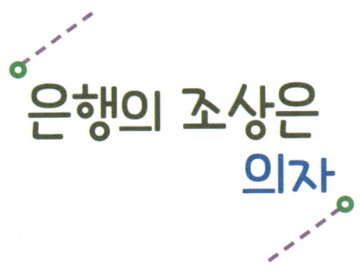

우리 몸 구석구석에 끊임없이 피를 전달하려면 심장이 필요해. 경제가 활발하게 움직이려면 돈이 잘 돌고 돌아야 한단다. 돈이 경제 활동이 일어나는 구석구석을 다니는 경제의 혈액이라면, 은행은 돈이 잘 돌아다니며 제 역할

을 하도록 도와주는 경제의 심장이지.

은행은 여윳돈을 가진 사람과 돈을 필요로 하는 사람을 중개해 줌으로써 돈을 빌리는 데 드는 시간과 노력을 줄여 준단다. 물이 높은 데서 낮은 데로 흐르듯이, 돈이 여유가 있는 곳에서 필요한 곳으로 움직이도록 도와주어 우리 경제를 건강하게 성장시키고 유지시키는 역할을 하고 있어.

돈의 흐름을 원활하게 하는 데 없어서는 안 되는 은행은 언제부터 생긴 걸까? 은행을 영어로 Bank라고 해. 이 말은 이탈리아어로 의자를 뜻하는 Banca에서 나온 말이야. 원래 Banca는 긴 의자를 뜻하기 때문에 Bench라는 말도 이 말에서 유래되었단다.

왜 Bank와 Bench가 같은 말에서 시작되었는지 궁금하지? 중세 유럽에서는 도시마다 서로 다른 동전을 만들었어. 그래서 13세기에는 여러 도시에서 다양한 동전이 사용되었어. 서로 다른 지역끼리의 무역이 활발하게 이루어지면서 여러 동전이 사용되자, 그 지역에서 사용하는 동전을 교환해 주면서 수수료를 챙기는 환전상들이 생겨났지.

환전상 중에서도 이탈리아 롬바르드 출신들이 아주 장사를 잘했단다. 이들은 탁자 위에 동전을 잔뜩 늘어놓고 의자에 앉아 돈을 바꾸어 주었어. 나중에는 돈이 필요한 사람들에게 이자를 받고 돈을 빌려주기도 했단다.

이것이 은행의 시초야. 그래서 은행을 그들이 앉아서 돈 장사를 했던 긴 의자를 뜻하는 Banca라고 부르게 되었어.

돈을 바꾸거나 빌려주는 일을 했던 상인들은 장사가 뜻대로 되지 않아 일을 그만둘 때에는 사용했던 의자를 부수었어. 더 이상 장사를 하지 않는다는 것을 알리기 위해서였지.

　그래서 긴 의자 Bank와 부수다 Rupt가 합쳐서 파산자, 즉 빈털터리를 뜻하는 Bankrupt라는 말이 생겼단다. 파산을 뜻하는 말 Bankruptcy도 Bankrupt에서 나왔지.

　13세기 환전상들이 돈을 바꾸어 주면서 사용했던 의자가 발전해서 은행이 된 셈이니까 은행의 조상은 의자라고 해도 틀린 말이 아니지?

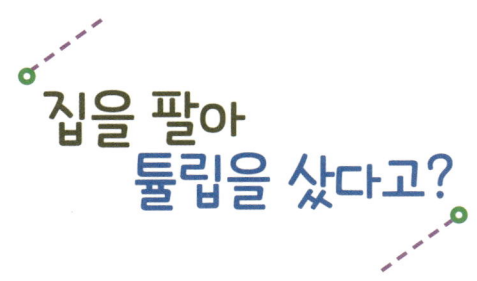

집을 팔아 튤립을 샀다고?

　풍차와 꽃의 나라, 네덜란드의 인구는 2천 만 명이 되지 않는데 2019년 1인당 국민 소득이 5만 2천 달러가 넘는 작지만 강한 나라야. 사실은 16세기 후반부터 17세기 중반까지는 유럽과 아시아와의 무역을 거의 독점했던, 유럽에서 가장 부자 나라였지. 그런데 네덜란드가 18세기 유럽 제일의 부자 나라라는 영광을 영국에 빼앗긴 것은 튤립 때문이었어. 나라의 운명이 튤립 때문에 바뀌다니 무슨 말인지 이해가 되지 않지?

　터키가 원산지인 튤립은 16세기에 유럽에 알려졌어. 튤립의 아름다운 모양과 선명한 색깔에 반한 유럽 사람들은 너도 나도 이 꽃을 가꾸고 싶어 했지. 그래서 유럽에서는 터키에서 엄청난 값을 주고 튤립을 수입했단다.

　1600년부터 중부 유럽에서 튤립 재배가 가능해졌으나 사려는 사람이 많다 보니 가격은 내려갈 줄 몰랐어. 유럽에서도 특히, 네덜란드 사람들의 튤립 사랑은 유난스러워서 튤립을 키우지 않는 사람은 교양이 없다는 말을 할 정도였단다.

　1630년대 튤립의 인기는 더욱 높아져 1636년에는 튤립 한 뿌리 가격이 1,000굴덴 이상이 되었어. 당시 500굴덴은 한 가족의 1년 생활비보다도 많은 돈이라고 해.

이렇게 튤립의 인기가 높아지며 일주일에 2배까지 가격이 치솟게 되자 집과 땅을 팔아서 튤립을 사는 사람도 생겼어.
　튤립을 사려고 전 재산을 쏟아 붓는 사람들이 늘어나자 가격은 하늘 높은 줄 모르고 올라 희귀한 튤립 한 뿌리가 요즘 가격으로 10만 달러, 즉 1억 원이 넘는 가격에 팔리기도 했단다.
　하지만 1637년 2월, 상황이 뒤바뀌기 시작했어. 지나치게 오른 가격에 불안을 느낀 일부 사람들이 이번에는 튤립을 팔기 시작했어. 그러자 튤립 가격이 폭락하며 하루 만에 가격이 절반 수준으로 곤두박질치기도 했지.

결국 튤립 가격은 예전 가격의 1퍼센트 수준까지 떨어졌고, 빚더미에 올라앉은 사람들이 셀 수 없이 늘어났단다.

튤립 투기로 생겨난 거품이 꺼지면서 네덜란드는 심한 경제 침체를 겪게 되었고, 결국 유럽에서 가장 경제적으로 부강한 나라의 위치를 영국에 넘겨주게 되었지.

사람들이 쉽게 돈을 벌 욕심에 가격이 오르리라고 보고 실제로 필요하지도 않은 집이나 땅을 구입해 사들이는 것을 투기라고 한단다.

투기가 일어나면 사람들이 사들이는 집이나 땅의 가격이 자꾸 올라가서 거품이 생기게 되지. 거품이란, 시장에서 거래되는 어떤 물건의 가격이 물건의 진짜 가치보다 높게 형성된 것을 말해.

경제가 잘 돌아가려면 사람들이 가진 돈이 생산 시설을 늘리거나 기술 개발에 투자하는 등 가장 가치가 높은 곳, 정말 필요한 곳으로 투자가 이루어져야 해.

손쉽게 돈을 벌 수 있는 곳으로 돈이 몰려가는 투기가 생기면 올바른 경제 활동이 이루어지지 못하게 된단다.

그러다가 거품이 꺼지게 되면서 경제 침체로 고생을 하게 되지.

그래서 각 나라의 중앙은행들은 투기와 같이 문제를 일으키는 일이 일어나지 않도록 돈의 흐름을 살피고 적절한 정책을 만드는 역할을 담당하고 있어. 재미있는 사실은 거품이 꺼지면서 수많은 네덜란드 사람들을 울렸던 튤립이 지금은 네덜란드에 외화를 벌어 주는 효자 노릇을 하고 있다는 거야.

네덜란드 수도 암스테르담 근교에 있는 세계 최대의 튤립 공원인 쿠켄호프 공원에서 3월 하순부터 5월 중순까지 열리는 튤립 축제에는 매년 100만 명이 넘는 관광객이 몰려온단다.

관광객의 80퍼센트는 외국인이라 네덜란드는 튤립 관광으로 막대한 수입을 올리고 있어. 그리고 전 세계 꽃 수출 양의 60퍼센트를 담당하는 네덜란드의 가장 주요한 수출 품목 또한 튤립이란다.

골드스미스의 꾀

17세기 무렵부터 유럽에서는 요즘처럼 예금을 받아서 그 돈을 빌려주는 일을 하는 은행이 만들어지기 시작했어. 금을 이용해 여러 귀중품을 만들었던 금 세공업자인 골드스미스Goldsmith들도 은행과 비슷한 일을 했지. 이들은 런던 부자와 상인들의 금화와 귀금속을 보관해 주는 일도 함께 했단다.

　사람들이 금화나 귀금속을 맡기면 골드스미스들은 증거로 보관 영수증인 골드스미스 노트Goldsmith Note를 만들어 주었어. 그리고 이를 가져가면 언제든지 맡긴 금화나 귀금속을 돌려주었지.

　시간이 흐르면서 사람들은 금화나 귀금속을 찾아서 물건값을 치르는 대신 바로 골드스미스 노트로 거래를 했단다. 물건을 파는 사람도 금 세공업자에게 가면 언제든지 금화를 받을 수 있으니까 이를 문제 삼지 않았지.

　"물건을 파는 사람들이 그냥 보관 영수증을 받으니까 금화나 귀금속을 맡겨 놓고 아예 찾으러 오지 않는 사람들이 많아졌어."

　"사람마다 금화나 귀금속을 찾아야 할 이유와 시기가 달라. 그러니까 모두 같은 시간에 맡긴 물건을 찾겠다고 우르르 몰려오는 일은 생기지 않겠지?"

　"잠깐만! 좋은 생각이 떠올랐어. 그렇다면 실제로 맡아둔 금화나 귀금속보다 많은 양의 보관 영수증을 만들어 돈이 필요한 사람들에게 빌려주어도 문제가 없을 거야."

　사람들은 골드스미스 노트를 돈과 같다고 생각했으므로 돈을 빌리듯 이자를 주고 노트를 빌렸어. 그러자 골드스미스들은 본업인 금세공 일은 뒷전으로 하고 보관 영수증을 만들어 빌려주는 일에 몰두했지. 돈을 많이 번 골드스미스들은 은행을 만들었고 보관 골드스미스 노트 영수증을 발전시켜 은행권, 즉 지폐를 만들었단다. 그래서 서양에서도 지폐가 사용되기 시작했지.

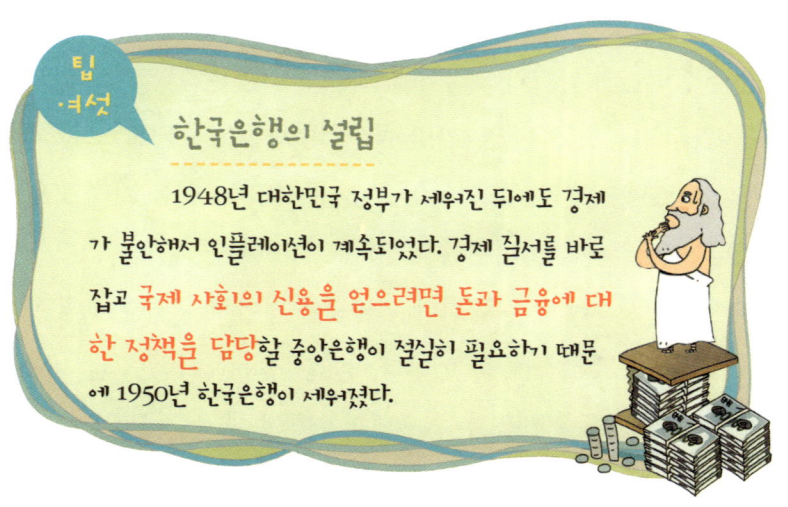

팁 여섯 · 한국은행의 설립

1948년 대한민국 정부가 세워진 뒤에도 경제가 불안해서 인플레이션이 계속되었다. 경제 질서를 바로잡고 국제 사회의 신용을 얻으려면 돈과 금융에 대한 정책을 담당할 중앙은행이 절실히 필요하기 때문에 1950년 한국은행이 세워졌다.

하지만 이들이 너무 높은 이자를 요구하자 사람들의 불만이 높아졌어. 이를 빌미로 명예혁명1688년 영국에서 평화롭게 전제 왕정을 입헌 군주제로 바꾸는 데 성공한 혁명을 성공시킨 신흥 귀족들은 국왕이었던 윌리엄 1세의 특별 허가를 받고 1694년에 잉글랜드은행Bank of England을 만들었단다. 잉글랜드은행은 프랑스와의 전쟁으로 빈털터리가 된 국왕에게 화폐를 발행해 돈을 빌려주었어.

국왕은 마음 놓고 돈을 빌릴 곳이 생겼고, 은행은 돈을 발행해 이자를 받을 수 있으니 누이 좋고 매부 좋은 격이었지. 18세기 영국이 유럽에서 가장 부강한 나라로 떠오르면서 런던은 유럽 금융의 중심지로 성장했는데, 당시에는 잉글랜드은행 이외의 은행에서도 돈을 발행할 수 있었어.

잉글랜드은행은 다른 은행이 돈을 발행할 수 있는 권한을 가진 것이 못마땅했어. 그래서 국왕을 움직여서 1844년에 화폐 발행은 잉글랜드은행만 할 수 있다는 법을 만들었단다. 이것으로 잉글랜드 지역의 다른 은행들은 더 이상 돈을 발행하지 못하게 되었지.

현재 대부분의 나라에서 시행하는, 중앙은행이 돈을 발행하는 권한을 갖는 제도의 시작은 바로 잉글랜드은행에서 비롯된 거란다.

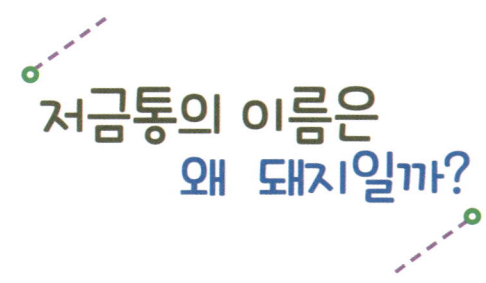

저금통의 이름은 왜 돼지일까?

'용돈을 받으면 쓰기 전에 먼저 저축한다.'

어린이들이 반드시 가져야 할 좋은 경제 습관이야. 하지만 돈이 생길 때마다 1천 원이나 2천 원을 저축하려고 은행에 가려면 너무 번거롭지. 이럴 때 유용하게 쓰이는 것이 저금통이야.

사람들은 언제부터 저금통을 사용했을까?

현재까지 발견된 가장 오래된 저금통은 약 2,300년 전에 만들어진 것으로 그리스 성전에서 발굴되었어.

흙을 빚어서 만든 성전 모양의 이 저금통은 지금 독일 베를린 국립 박물관에 가면 볼 수 있단다.

옛날 사람들은 신에게 보호를 요청하며 가장 귀한 것들을 신에게 바쳤어. 그래서 처음에 사용된 저금통은 성전에 가져가 신에게 바치는 돈을 모으는

데 사용되었단다.

　로마 시대 이후 18세기까지 종교의 영향력이 강했던 유럽에서 저금통은 거의 교회 헌금용으로 사용되었어. 그러다가 18세기 이후부터 자신을 위한 저축을 위해 사용되기 시작했지.

　저금통은 우리나라를 비롯해 세계 여러 나라에서 사용되고 있어. 그런데 저금통의 모양은 아주 다양하지만 다른 나라 사람들도 저금통을 말할 때는 모두 돼지 저금통이라고 해. 왜 저금통의 이름은 돼지가 되었을까?

　지금까지 돼지 저금통의 기원을 찾기 위해 많은 연구가 진행되었지만 정확한 유래는 아직 밝혀지지 않았어.

　다만 돼지 저금통은 유럽에서 처음 만들어졌을 것이라고 추측한단다. Piggy Bank라는 말의 어원이 유럽에서 나왔기 때문이야.

　중세 시대 유럽 사람들은 'Pygg'라고 불리는 찰흙으로 만든 통에 소금이나 돈 같은 것을 넣어 두었거든. 17~18세기 무렵, 누군가 찰흙으로 돈을 넣을 통을 만들어 달라는 뜻으로 'Pyggy Bank'를 주문했는데, 발음이 같아서 혼동한 도공이 돼지 모양의 'Piggy Bank'를 만들었을 거라고 추측하지.

　이것이 돼지 저금통이 만들어지게 된 기원이라고 보는 가장 설득력 있는 유래야.

다양한 모양의 돼지 저금통

사진 제공_한국금융사박물관

잠깐, 저금통을 이용해서 저축을 할 때 돈을 모으기 쉬운 효과적인 방법을 알려 줄게. 저금통은 속이 비치고 크지 않은 것이 좋아. 돈을 가득 채우는 데 시간이 많이 걸리지 않아서 목표를 달성했다는 기쁨을 빨리 느끼기 때문에 저축하는 것이 지겹지 않거든. 또 저금통이 가득 차면 그 돈으로 무엇을 할 것인지 미리 정하고, 목표와 관련되는 예쁜 그림이나 글씨를 붙여 두는 것도 좋아.

뉴턴만 보면 줄행랑을 쳤던 위조지폐 범인

아이작 뉴턴은 사과나무 아래에서 떨어지는 사과를 보고 만유인력의 법칙(모든 물체 사이에는 서로 끌어당기는 힘이 작용한다는 이론)을 발견한 영국이 자랑하는 과학자야.

그런데 17세기 말 런던에는 뉴턴만 보면 '걸음아, 날 살려라!' 하며 줄행랑을 쳤던 사람들이 있었단다. 그들은 가짜 돈인 위조지폐를 만들었던 사람들이었어. 왜 뉴턴이 위조지폐 범인에게 공포의 대상이었을까?

뉴턴은 1696년부터 돈을 인쇄하는 곳인 조폐국에서 일하게 되었고, 1699년에는 조폐청장이 되었어. 과학자였던 그는 위조지폐를 찾아내는 데 뛰어난

능력이 있었지. 뉴턴에게 많은 위조지폐 범인이 발각되어 사형을 당했으니, 그들에게 뉴턴은 저승사자였던 셈이야.

    화폐를 만드는 일은 한국은행처럼 이런 권한을 가진 기관만이 할 수 있어. 컬러 복사기나 프린터를 이용해 가짜 돈을 만들어 사용하면 다른 사람들이 이를 눈치챌 수 있을까, 하는 호기심이 생길 수도 있어. 그러나 이를 실행에 옮기면 절대 안 돼.

    뉴턴이 살았던 시대 위조지폐를 만든 범인들이 사형을 받았던 것과 마찬가지로 지금도 어느 나라에서나 위조지폐를 만들거나 사용하면 국가 경제 질서를 어지럽히는 범죄자로 처벌을 받는단다.

우리나라에서는 사형, 무기징역 또는 5년 이상의 징역에 해당하는 처벌을 받으니 재미 삼아서 한번 만들어 보려는 생각은 아예 하지 않는 게 좋아.

지폐에는 위조지폐를 만들지 못하도록 이를 가려낼 수 있는 여러 가지 방법들이 숨어 있단다.

만 원권 위조 방지

❶ 숨은그림

빛에 비추어 보면 숨겨진 초상과 액면 숫자가 보인다.

❷ 홀로그램

보는 각도에 따라 우리나라 지도, 태극과 액면 숫자, 4 괘가 나타난다.

❸ 숨은 은선과 부분 노출 은선

앞면 초상 오른쪽에 숨겨진 띠를 빛에 비추어 보면 작은 문자가 보인다.

❹ 색 변환 잉크

액면 숫자의 색상이 보는 각도에 따라 변한다.

10000　10000

황금색 → 녹색

우리나라는 2006년에는 5천 원 지폐, 2007년에는 1천 원과 1만 원 지폐를 모두 새로 발행하게 되었어. 새 지폐를 만들게 된 가장 큰 이유는 심각해진 위조지폐 문제 때문이었지.

그래서 새로 발행된 지폐에는 위조를 방지하기 위한 첨단 기법들이 추가되었단다. 보는 각도에 따라 모양과 색상이 변하는 홀로그램도 들어갔고, 스캐너나 컬러 프린터를 통해 위조지폐를 만들지 못하도록 빛을 받으면 색이 변하는 잉크가 사용되었지.

그래서 손으로 만져 보고, 기울여 보고, 빛에 비추어 보면서 주의를 기울이면 위조지폐를 찾아낼 수 있어. 혹시라도 위조지폐를 발견하게 되면 바로 경찰서에 신고해야 된다는 사실을 잊지 마.

지폐에 그린 초상화 때문에 처형당한 루이 16세

로마의 황제들이 동전에 자기 얼굴을 새겨 넣는 것은 왕으로서의 권위를 자랑하기 위해서였어. 이런 일을 따라하다가 스스로 무덤을 판 왕이 있단다.

프랑스의 루이 16세는 경제난을 극복하려고 새 지폐를 많이 발행하면서 자기의 얼굴을 그리게 했지. 그렇지만 상황이 좋아지기는커녕 물가가 폭등하고 국민들의 살림살이는 더욱 어려워졌어. 세상이 바뀌어야 모두 잘사는 세상이 될 수 있다고 생각한 사람들은 1789년, 프랑스 대혁명을 일으키게 되었어.

이런 소용돌이 속에서 성난 사람들이 왕을 체포해 죽이려고 했단다. 겁이 난 루이 16세는 마부로 변장한 뒤 다른 나라로 도망치려고 했대. 하지만 프랑스를 빠져나가기 전에 한 농부가 돈에 그려진 얼굴과 같은 모습의 그를 알아보고 신고를 했다는구나.

도망치지 못하고 붙잡힌 루이 16세는 결국 처형을 당했지. 그는 돈에 자기 얼굴을 그려 넣음으로써 스스로 자기 무덤을 판 꼴이 되었지.

황제들이 자기 얼굴을 화폐 도안으로 택하던 전통은 이제 거의 사라졌어. 하지만 지금도 가장 일반적인 화폐의 도안은 인물 초상이야. 전 세계 지폐의 90퍼센트 이상이 지폐의 앞면에 인물 초상을 사용하고 있거든.

인물 초상이 많이 사용되는 이유는 그 나라를 대표하는 훌륭한 인물을 돈의 도안으로 사용하는 것이 돈의 품위를 나타내는 데 가장 적당하기 때문이야.

또 사람들이 돈의 위조 여부를 알아내는 데 가장 좋은 도안이 바로 인물 초상이기 때문이지. 그래서 위조 방지 대책의 하나로 미국·일본·영국과 캐나다 등 여러 나라에서 새로 발행되는 지폐의 인물상이 더 커졌단다.

예전에는 정치가나 왕들의 초상을 그린 화폐가 많았지만 점점 화가·음악가·건축가·작가 등 다양한 사람의 초상이 늘어나고 있어. 또 전에는 인물 초상의 대부분이 남성이었지만, 여성의 지위 향상과 함께 여성을 인물 초상으로 채택하는 나라가 늘어나고 있어.
　시대가 바뀌면서 사람들의 가치관도 바뀌는데 이런 변화가 돈의 도안에도 영향을 주었거든.

언제든지 지폐를 금으로 바꾸어 줍니다

'돈을 많이 번다'라고 하면 소득이 많다는 뜻이고, '옆집 아저씨는 돈이 많다'라고 하면 재산이 많다는 뜻이야. 친구가 '볼펜을 사야 하는데 돈이 부족해'라고 했다면 볼펜을 살 때 치러야 될 가치에 해당하는 지불 수단을 가지고 있지 않다는 말이지.

이렇게 돈이란 낱말은 여러 의미로 사용되지만, 좁은 의미의 돈은 한 나라 안에 살고 있는 사람들이라면 누구나 받아들여 사용하는 지불 수단, 즉 화폐를 뜻하는 말이야.

우리가 사용하는 화폐는 지폐와 동전인데, 금속으로 만든 동전은 자체로도 재료로 사용된 금속만큼의 가치를 지니고 있지만 종이로 만든 지폐는 그 자체의 가치는 거의 없어. 지폐가 사용되기 이전의 물품 화폐나 금속 화폐는 화폐 자체가 가치를 지니고 있는 물건이었어. 그런데 사람들은 어떻게 아무런 가치도 없는 종이에 불과한 지폐를 사용하게 된 걸까?

그건 돈을 발행하는 기관의 신용을 믿었기 때문이야. 처음으로 지폐를 사용했던 중국에서는 정부에 요청하면 지폐를 언제나 금이나 은으로 바꾸어 주었어. 마찬가지로 서양에서도 지폐를 만들기 시작하면서 비슷한 약속을 내세웠단다.

골드스미스들이 금을 보관하고 만들어 주었던 보관 영수증이 돈처럼 사용되었던 것은 보관 영수증을 가지고 가면 언제든지 금으로 바꿀 수 있음을 믿었기 때문이야. 만약 교환에 문제가 있었다면 사람들은 거래를 할 때마다 항상 금을 찾아서 들고 다녀야 했을 거야.

은행은 자신들도 이런 신용을 얻게 된다면 사람들이 그들이 발행한 지폐를 안심하고 사용할 거라고 판단했어. 그래서 은행은 발행한 지폐의 가치에 해당하는 만큼 금을 지니고 있으며 언제라도 지폐와 금을 보관해 주겠다고 약속했지. 수많은 금속 가운데 교환의 대상으로 금을 택한 것은 예로부터 금이 가장 높은 가치를 지닌 금속으로 알려졌기 때문이야.

은행은 돈을 찍어 내는 가치에 해당하는 만큼의 금을 언제나 보유하고 있어야 하고, 누구나 지폐를 금으로 바꾸고자 한다면 언제라도 금으로 바꾸어 주어야 하는 등 은행이 가지고 있는 금을 근거로 화폐를 발행하는 제도를 금 본위 제도라고 해. 금 본위 제도는 은행이 돈을 함부로 발행해 경제를 어지럽히는 일을 막기 위해 만들어진 제도란다.

영국에서는 18세기부터 사용했던 금 본위 제도를 1819년 공식적으로 채택하게 돼. 영국의 뒤를 이어 20세기 초까지 많은 국가에서는 금 본위 제도를 채택해 화폐에 대한 신뢰성을 보장해 주었어. 그래서 지폐 사용이 뿌리내릴 수 있었던 거야.

경제 규모가 커지면서 거래가 활발해지려면 더 많은 화폐가 필요한데 금은 무한정 공급되는 금속이 아니었어. 그래서 금이 부족해 필요한 만큼 화폐를 발행하지 못하는 일이 일어났고, 이것으로 경제 활동이 위축되기도 했단다.

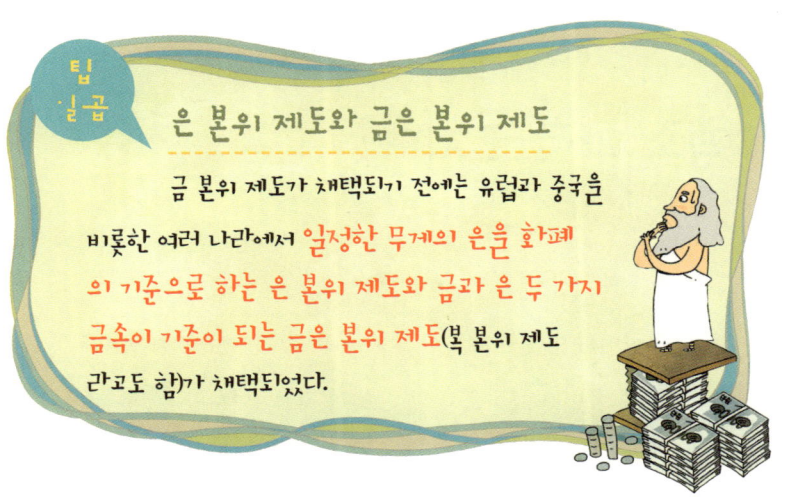

팁 일곱 — 은 본위 제도와 금은 본위 제도

금 본위 제도가 채택되기 전에는 유럽과 중국을 비롯한 여러 나라에서 일정한 무게의 은을 화폐의 기준으로 하는 은 본위 제도와 금과 은 두 가지 금속이 기준이 되는 금은 본위 제도(복 본위 제도라고도 함)가 채택되었다.

　이런 일을 피하려고 제1차 세계 대전 이후 많은 국가가 금이 없어도 지폐를 발행하는 제도를 채택하기 시작했어. 만약 정부나 중앙은행에 대한 신뢰가 없다면 이제 지폐는 휴지 조각에 불과해. 하지만 아직까지 대부분의 나라에서 이런 신뢰를 바탕으로 화폐 제도가 안정적으로 운용되고 있단다.

　그렇다면 서로 다른 화폐의 상대적 가치는 어떻게 결정되었을까?

　1800년대 후반 서서히 국제 무역이 늘어나면서 서로 다른 화폐의 가치를 결정하는 기준을 정해야 되는 문제가 생겼어. 결국 금을 기준으로 해서 각 나라 화폐의 가치를 결정한 뒤 서로 간의 상대적 가치를 결정하는 것이 가장 합리적이라는 데 의견이 모아졌지.

　미국 달러는 금 1온스당 20.67달러로, 영국 파운드는 금 1온스당 4.2474파운드로 결정되었어. 이를 통해서 5달러가 약 1파운드에 해당한다는 화폐 간의 상대적 가치가 계산되었단다.

으악, 1백조 마르크 지폐!

막시밀리안의 할아버지 별명은 '이야기 주머니'야. 항상 새로운 이야기가 솟아나는 할아버지의 이야기 주머니는 마르지 않는 샘과 같아. 막시밀리안은 여가 시간이 생기면 쪼르르 할아버지에게로 달려가 이야기 주머니를 열어 달라고 하지.

"오늘은 좀 심각한 이야기를 해도 될까?"

"예, 할아버지께서 들려주시는 이야기는 심각해도 재미있어요."

막시밀리안은 할아버지 곁으로 더 가까이 다가가려고 의자를 바싹 당겼어.

"1924년이었어. 증조할아버지께서 내게 한 장의 돈을 보여 주셨지. '공'이 너무 많이 붙어 있어서 한참을 세어야 했어."

"얼마짜리 돈이었는데요?"

"무려 1백조 마르크였단다."

"으악, 1백조 마르크 지폐! 증조할아버지는 엄청난 부자였나 봐요."

"아니야, 당시 물가가 상상을 초월할 정도로 올라서 돈의 단위가 그렇게 커진 거란다. 장난감이 너무 비싸서 차라리 돈뭉치를 장난감처럼 가지고 놀기도 했는걸."

1923년 독일에서 발행된 1백조 마르크 지폐는 지금까지 발행된 화폐 가운데 가장 금액이 크다는 기록을 가지고 있어. 하지만 당시 1달러를 바꾸려면 1조 마르크가 필요했으니까 1백조 마르크권이라고 해 봤자, 약 100달러의 가치밖에 되지 않았단다.

5천억 마르크 긴급 화폐

이 무렵 독일에서는 빵 한 조각이 800억 마르크, 쇠고기 한 조각이 9천억 마르크, 맥주 한 잔이 2천억 마르크, 감자 한 개는 500억 마르크, 이발 한 번 하는데 2천억 마르크였다고 해. 시장에 가서 물건을 사려면 가방이나 바구니에 돈을 한가득 들고 나가야 했지. 도배를 할 때 벽지 대신 돈을 벽에 바르는 사람도 있었어.

도대체 무슨 이유로 이런 일이 생기게 된 걸까? 제1차 세계 대전에 패한 뒤, 독일은 전쟁에서 이긴 나라에 엄청난 액수의 전쟁 배상금을 갚아야 했어. 돈을 마련할 길이 없었던 독일 정부는 돈을 마구 찍어 내어 배상금을 갚으려고 했지.

그런데 통화량이 갑자기 늘어나자 돈의 가치는 떨어지고 물가가 계속 폭등하는 일이 일어난 거야. 이렇게 물가가 계속 오르는 것을 인플레이션이라고 하는데 말 그대로 살인적인 인플레이션이 일어난 거지.

돈을 많이 찍어내면 왜 물가가 올라가느냐고?

예를 들어 설명할게. 나라 안의 모든 돈을 합치면 100억 원인 나라가 있다고 하자. 그런데 1년 뒤 돈을 많이 발행해서 그 나라 안의 돈이 1천억 원이 되었어. 그런데 생산되는 물건의 양은 늘어나지 않는다면 어떤 일이 생기게 될까? 사람들이 가진 돈이 10배가 늘어났을 테니까, 사람들은 돈을 더 주더라도 물건을 사려고 할 거야. 물건의 양은 늘어나지 않고 돈만 10배로 늘어났다면 돈의 가치는 10분의 1로 떨어져서 결국 물건 가격은 10배로 올라가게 된단다.

그런데 제1차 세계 대전 뒤 독일에서는 이런 사실을 고려하지 않고 돈을 마구 찍어 냈다가 상상할 수 없을 정도로 물가가 올라 버려서 심각한 상황이 벌어진 거야.

이런 현상은 새 돈인 렌텐마르크Rentenmark의 발행으로 바로 잡을 수 있었

어. 독일 정부는 1923년 11월, 새 돈을 발행해 새 지폐와 옛 지폐를 1대 1조 마르크의 비율로 강제로 교환하는 조치를 취했어.

그러자 인플레이션이 잡히고 통화 가치가 안정되었지. 경제가 안정되자 미국 등 다른 나라에서 투자를 하려고 돈이 들어오게 되어 암담한 상황을 탈출할 수 있었단다.

한 나라에서 쓰이는 돈의 양을 통화량이라고 하지. 통화량에는 지폐와 동전처럼 현금뿐 아니라 즉시 현금으로 바꿀 수 있는 수표와 언제든지 찾을 수 있는 예금도 포함된단다. 중앙은행에서 돈을 많이 발행하면 나라 안에서 쓰이는 돈의 양, 즉 통화량이 늘어나게 돼. 나라 경제에 알맞은 양의 돈보다 많은 돈이 발행되면 물가가 올라가서 경제가 더 어려워진단다.

물가가 안정되고 나라 경제가 건전하게 발전하기 위해서는 그 나라 경제에 알맞은 양의 돈을 공급하는 일이 아주 중요해.

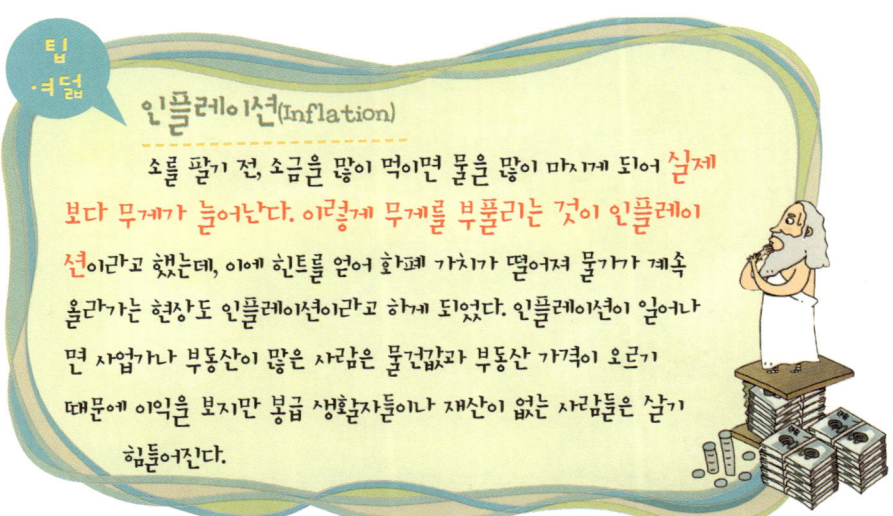

팁 여덟

인플레이션(Inflation)

소를 팔기 전, 소금을 많이 먹이면 물을 많이 마시게 되어 실제보다 무게가 늘어난다. 이렇게 무게를 부풀리는 것이 인플레이션이라고 했는데, 이에 힌트를 얻어 화폐 가치가 떨어져 물가가 계속 올라가는 현상도 인플레이션이라고 하게 되었다. 인플레이션이 일어나면 사업가나 부동산이 많은 사람은 물건값과 부동산 가격이 오르기 때문에 이익을 보지만 봉급 생활자들이나 재산이 없는 사람들은 살기 힘들어진다.

유로화 사용으로 유럽의 영광을 되찾자

1991년 12월 10일 네덜란드 마스트리히트, 유럽 공동체(EC)에 속한 나라의 대통령과 수상들이 만났단다. 이들은 두 차례의 세계 대전을 치르기 전 세계에서 가장 강했던 대륙이었던 유럽이 다시 그 시절의 영광과 힘을 얻으려면 어떻게 해야 될지 열띤 토론을 벌였지.

"유럽이 발전하려면 외교 안보 정책을 공동으로 세워야 합니다."

"산업 정책도 하나로 통일시켜야 해요."

"틀린 말은 아니지만 구체적인 실행 방안이 뒷받침되지 않는다면 아무리 좋은 아이디어라고 하더라도 효과가 없어요."

"그렇죠. 경제적으로 하나의 시장이 되어야 해요."

"하지만 그게 쉬운 일은 아닐 텐데요. 내년 2월에 외무부 장관들이 모두 모여서 구체적인 방안을 결정하게 합시다."

그리고 다음 해 2월 7일, 외무부 장관들이 다시 모여 유럽이 한 나라처럼 되기 위해 필요한 일을 논의하고 '마스트리히트 조약'을 맺었어. 이 조약에 의해 유럽 연합EU : European Union이 탄생했단다.

그들은 유럽 중앙은행을 만들고 서로 같은 돈을 사용하기로 의견을 모았어. 2002년 1월 1일부터 유럽 연합 12개국에서 사용되기 시작했던 유로화는 이렇게 해서 태어난 거야.

2020년 12월 31일 현재, 프랑스·독일·네덜란드·이탈리아를 비롯해 유로화를 사용하는 공식 회원국은 19개국이야. 또, 모나코·안도라·코소보·바티칸 시국처럼 자기 나라 돈을 따로 만들지 않는 유럽의 작은 나라들 가운데 유로화를 자기 나라의 공식 통화로 채택한 나라들도 있단다.

한 나라 안에서 사용하는 돈의 도안을 정하는 일도 쉽지 않은데 이렇게 많은 나라에서 사용하는 돈의 도안을 정하는 일은 정말 어려웠을 거야.

긴 시간 논의 끝에 유로화 지폐의 앞면 도안은 건축물의 창이나 문으로 정해졌지. 이는 유럽의 화합과 개방을 상징하지. 뒷면 도안은 유럽 대륙 지도 위에 각 세기를 대표하는 다리를 그리기로 했는데, 이는 나라와 나라를 연결한다는 의미를 담고 있지.

문과 다리가 도안으로 결정되자, 서로 자기 나라의 문이나 다리가 들어가야 한다고 주장했단다. 그래서 공평하게 유명한 건축 양식을 토대로 새로운 도안을 만들기로 했어.

5유로 지폐는 그리스 로마 양식, 10유로 지폐는 로마네스크 양식, 20유로 지폐는 고딕 양식, 50유로 지폐는 르네상스 양식, 1백 유로 지폐는 바로크와 로코코 양식으로 정했어. 2백 유로 지폐는 강철과 유리를 사용한 건축물, 5백 유로 지폐는 20세기 후반 현대 건축물을 도안으로 정했단다.

유로화로 알아보는 서양의 건축 양식

5유로 : 건축 양식_고전주의 양식
　　　대표 건축_그리스 파르테논 신전

10유로 : 건축 양식_로마네스크 양식
　　　　대표 건축_이탈리아의 피사 대성당

20유로 : 건축 양식_고딕 양식
　　　　대표 건축_샤르트르 대성당

50유로 : 건축 양식_르네상스 양식
　　　　대표 건축_에스코리알 궁전

100유로 : 건축 양식_바로크와 로코코 양식
　　　　　대표 건축_베르사유 궁전

200유로 : 건축 양식_아이론과 글라스 양식
　　　　　대표 건축_독일의 터빈 공장

500유로 : 건축 양식_20세기 현대 건축 양식
　　　　　대표 건축_프랑스의 퐁피두 센터

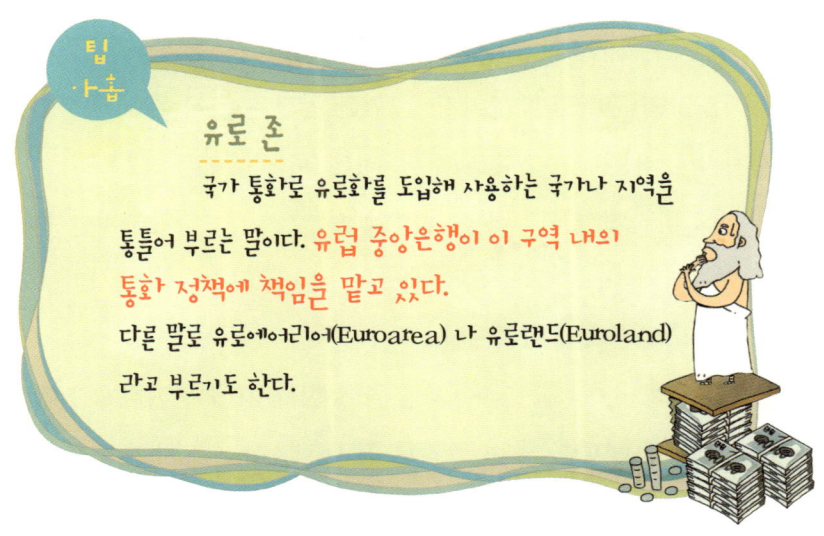

유로 존

국가 통화로 유로화를 도입해 사용하는 국가나 지역을 통틀어 부르는 말이다. 유럽 중앙은행이 이 구역 내의 통화 정책에 책임을 맡고 있다.
다른 말로 유로에어리어(Euroarea)나 유로랜드(Euroland)라고 부르기도 한다.

유로화 동전의 고향은?

유로 존에서 사용되는 동전은 1, 2, 5, 10, 20, 50센트와 1, 2유로 등 여덟 종류야. 동전 앞면은 나라별로 독자적인 도안을 선택할 수 있게 했어. 경제 통합을 위해서 유로화를 사용하기로 했지만 정들었던 자기 나라 돈을 사용하지 못하게 된 섭섭한 마음을 고려해서 이루어진 결정이야.

동전의 도안은 서로 달라도 어느 동전이든지 모든 유로 존에서 사용할 수 있어. 그런데 화폐를 모으는 사람이 특별이 좋아하는 나라의 동전이 있단다.

바티칸이나 모나코, 산마리노 등 아주 작은 나라에서 발행되는 동전은 발행량이 많지 않아 희귀하기 때문이지. 희귀한 동전은 돈이 아닌 상품으로 사고 팔 때 가치가 높거든.

세계 여러 나라에서 사용하는 동전의 종류는 아주 다양하지만 동전을 만드는 방식은 거의 비슷해. 동전의 재료는 철·구리·주석·니켈·아연·알루미늄 등 다양한 금속의 합금이야.

동전을 만드는 첫 단계는 금속의 합금에 힘을 가해 편편하게 만들어 동전 두께의 원판을 만든 다음 동전 크기로 잘라 내. 무늬가 새겨지기 전의 이런 동전을 소전이라고 해. 그리고 무늬와 글자와 숫자 등을 새겨 넣기 위한 인쇄판을 만들지. 인쇄판을 이용해 소전에 무늬와 글자 그리고 숫자 등을 새겨 넣으면 우리가 사용하는 형태의 동전이 되는 거야.

유로 존에서 사용되는 유로 동전도 이런 과정을 통해 만들어졌지. 그런데 유로 동전이 태어난 곳이 바로 우리가 사는 한국이라는 사실을 알고 있니? 유로 동전은 한국에서 생산되어 태평양을 건너간 소전으로 만들어진단다.

유로 동전뿐만 아니라 전 세계에서 만들어지는 동전의 반 이상이 우리나라 회사인 주식회사 풍산에서 만들어서 수출하는 소전을 사용해 만들어. 현재 우리나라에서 수출한 소전으로 동전을 만드는 나라는 미국·스웨덴·일본·태국·싱가포르·오스트레일리아·이집트·이스라엘·남아프리카 공화국 등 무려 60여 나라에 이른단다.

그래서 세계 사람들의 절반 이상이 우리 소전으로 만들어진 동전을 쓰고 있단다.

　해외에서 한국으로 오는 사람들의 지갑 속에 들어 있는 동전이 말을 한다면 비행기가 인천 공항에 이륙하는 순간 이렇게 소리칠 거야.

　"와, 드디어 고향에 다시 돌아왔구나!"

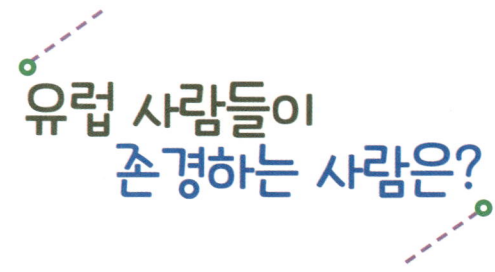
유럽 사람들이 존경하는 사람은?

　생텍쥐페리의 《어린 왕자》에서 여우는 어린 왕자와 헤어지기 전 세상에서 가장 위대한 비밀을 가르쳐 주지.

　"귀중한 비밀을 가르쳐 줄게. 아주 간단해. 마음으로 봐야만 보인다는 거야. 정말 중요한 건 눈에 보이지 않아."

　사람과 사람 사이의 관계를 아름다운 글로 풀어낸 소설 《어린 왕자》를 쓴 생텍쥐페리는 프랑스 사람들이 존경하는 작가야. 유로화를 사용하기 전 프랑스에서 사용되었던 50프랑 지폐에는 생텍쥐페리와 동화 속 주인공 '어린 왕자'가 지폐의 도안으로 자리 잡고 있었단다.

　생텍쥐페리의 도안을 통해서 프랑스의 문화를 짐작할 수 있듯이, 돈의 도안을 살펴보면 그 나라의 역사와 문화를 짐작할 수 있단다. 미국은 여섯

작가 생텍쥐페리와 그의 책 《어린 왕자》의 캐릭터가 인쇄된 프랑스 50프랑 지폐

가지 지폐 가운데 네 종류에 역대 대통령의 초상이 그려져 있고, 영국 돈에는 모두 여왕의 초상이 그려져 있어. 미국에서는 정치적으로 가장 영향력을 가진 사람이 대통령이고, 영국에서는 여왕이 나라를 상징하는 중요한 인물이라고 생각하기 때문이지.

그러나 예전 프랑스 화폐였던 프랑화에는 생텍쥐페리뿐만 아니라, 민중을 이끄는 자유의 여신을 그린 들라크루아, 에펠탑을 설계한 건축가 에펠, 라듐을 발견한 과학자 퀴리 부부 등 다양한 분야의 인물이 등장했어.

어때? 프랑스 사람들은 정치가보다는 예술가나 과학자를 더 자랑스럽게 여긴다는 것을 짐작할 수 있지?

유로화를 사용하고 있지 않는 유럽의 나라들이 현재 사용하는 돈에도 아주 다양한 인물의 초상이 그려져 있어.

스웨덴 크로나의 주인공은 유명한 식물학자 린네를 비롯해 작가·성악가·국왕의 초상이 그려져 있고, 스위스 프랑에는 건축가 르 코르뷔지에를 비롯해 작곡가·조각가·작가·역사가 등의 초상이 그려져 있어.

그 외 나라들에서도 국왕이나 정치인보다는 작가·화가·성악가·과학자·배우·작곡가 등의 초상을 도안으로 택한 나라가 많단다.

프랑스뿐만 아니라 독일이나 이탈리아에서도 화폐의 인물로 정치가가 아닌 예술가나 과학자를 택했단다.

이탈리아에서는 르네상스 시대의 미술가 라파엘로와 작곡가 벨리니, 조각가 베르니니, 유명한 아동 교육가 마리아 몬테소리가 지폐의 주인공이었고, 독일에서는 음악가 클라라 슈만, 수학자 가우스, 동화작가인 그림 형제, 건축가 노이만 등이 지폐의 인물이었어. 이처럼 화폐의 인물 도안에는 그 나라 사람들의 가치관이 그대로 드러나 있지.

우리나라에서 2009년 5만 원 지폐를 발행하기로 했을 때 반드시 여성의 초상이 들어가야 한다고 주장하는 사람들이 많았단다. 한국은 예로부터 남성을 여성보다 높이 평가했는데 가치관의 변화로 이런 주장이 나올 수 있었고, 그 결과 5만 원 지폐의 인물로 신사임당을 택할 수 있게 된 거야.

그런데 옛 독일 마르크화 여덟 종류의 지폐 가운데 네 종류의 지폐의 인물이 여성이었단다.

클라라 슈만을 비롯해 작가인 폰 아르님, 시인인 드로스테횔스호프, 과학자이며 화가였던 마리아 메리안이 지폐의 주인공이었어. 이를 통해서 독일은 남녀평등 사상이 매우 발달한 나라라는 것을 알 수 있지.

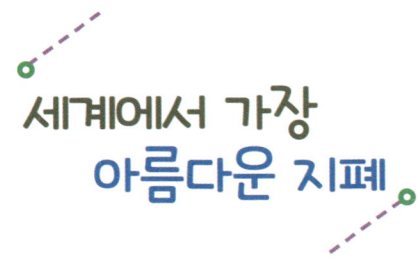

세계에서 가장 아름다운 지폐

　유럽 중부 내륙에 위치한 나라 스위스는 눈 덮인 알프스 산의 아름다운 경치로 유명한 나라야. 스위스에서는 아직도 유로화가 아니라 예로부터 사용했던 화폐인 스위스 프랑이 그대로 사용되고 있단다.

　스위스는 화폐도 하나의 예술품이 될 수 있음을 증명한 나라야. 스위스 프랑은 화려하고 다양한 색상과 아름답고 세련된 디자인으로 만들어져서 세계에서 가장 아름다운 지폐로 손꼽히고 있어.

　또한 첨단 위조방지 장치가 세계에서 가장 많이 사용된 지폐로 세계에서 가장 사용하기 안전한 지폐라는 말도 듣고 있지.

　그러나 스위스 프랑의 가장 큰 특색은 세로가 가로보다 길다는 거야. 이렇게 색다른 화폐 디자인을 채택해 세계에서 가장 특색 있는 화

디자인이 아름다운 스위스 지폐

폐를 만들어 냄으로써 스위스는 전 세계에 디자인 강국임을 알릴 수 있었어.

　스위스 지폐의 디자인에는 손동작, 지구본, 스위스를 대표하는 장소와 스위스의 특성을 나타내는 여섯 가지 주제가 담겨 있어. 이 주제는 시간, 빛, 바람, 물, 사물과 언어인데, 이 디자인이 전달하려는 의미는 '세계로 열린 스위스'라고 해.

　스위스의 지폐는 자기 나라를 알리는 아주 효과적인 홍보물이라고 할 수 있지?

　영국 스코틀랜드 지방의 수도인 에든버러에 사는 빅토리아는 부활절 휴일 기간 중에 잉글랜드 지방을 여행하기로 했어.
　작년에 북아일랜드 여행 중에 작은 가게들이 스코틀랜드에서 사용하는 돈을 받지 않아서 불편을 겪었던 일이 생각났어.
　"잉글랜드 여행을 가기 전에 돈을 바꾸어야겠죠?"
　"글쎄, 잉글랜드에서도 스코틀랜드 돈을 사용할 수 있다고는 하는데, 혹시 모르니까 미리 바꾸는 게 낫겠지?"

089

영국은 유럽의 많은 나라들이 사용하는 유로화가 아니라 자기 나라만의 화폐인 파운드화를 사용하고 있어. 그래서 유럽 여행지 중에 영국이 포함되어 있다면 미리 파운드화도 준비하는 게 좋아.

그런데 외국인이 아니라 영국에 사는 사람이 영국을 여행하는 경우에도 돈을 바꾸어야 하는 경우가 있단다.

영국의 정식 명칭은 '그레이트브리튼과 북아일랜드 연합 왕국'이야. 그레이트브리튼은 잉글랜드·스코틀랜드·웨일스로 이루어져 있지.

영국 중앙은행인 잉글랜드은행에서는 5, 10, 20, 50파운드 지폐 4종류와 1, 2, 5, 10, 20, 50펜스와 1, 2 파운드 등 8종류의 동전을 발행하고 있어. 이 화폐는 잉글랜드와 웨일스뿐만 아니라 스코틀랜드와 북아일랜드에서도 사용할 수 있어.

하지만 스코틀랜드와 북아일랜드 지방에서는 잉글랜드은행이 아니라 오래전부터 이 지역에 뿌리를 내리고 영업을 했던 다른 은행들이 발행한 화폐

가 주로 사용된단다. 스코틀랜드의 스코틀랜드은행과 스코틀랜드 왕립은행, 클라이드즈데일은행, 북아일랜드의 아일랜드은행, 퍼스트트러스트은행, 노던은행 그리고 얼스터은행 등은 모두 이 지역에서 주로 사용되는 화폐를 발행하고 있는 은행들이야.

잉글랜드와 웨일스 지방의 작은 가게들은 대부분 스코틀랜드와 북아일랜드의 지역 은행들이 발행한 화폐를 받지 않는단다. 그래서 스코틀랜드와 북아일랜드 사람들이 잉글랜드와 웨일스 지방을 여행할 때는 외국 여행을 하는 것처럼 잉글랜드은행이 발행한 돈으로 미리 바꾸어 가는 거야.

중앙은행 제도가 가장 먼저 만들어진 영국에서 지금도 중앙은행이 아닌 지역 은행들이, 그것도 한 군데가 아니라 여러 은행에서 발행한 돈이 함께 사용된다니 신기하지?

돈이 주렁주렁 달린 웨딩드레스

발칸 반도 유럽 대륙 동남부에 있는 반도 의 남쪽에 위치한 그리스는 유럽 다른 나라에 비해 공업화 수준이 뒤떨어지고 소득 수준이 낮은 나라야. 하지만 그리스 사람들은 이웃 사람들이나 친척들과 어울려 사는 공동체 문화 속에서 정신적 여유를 즐기며 살고 있어.

그래서 치열한 경쟁 속에서 각박한 생활을 하고 있는 사람들 중에는 그리스의 생활 방식을 부러워하는 사람들도 있지. 특히 많은 사람의 축하를 받으며 시끌벅적한 결혼식을 치르고 싶은 사람들은 이런 말을 한단다.

"난 그리스식 결혼식을 할 거야."

그리스는 어떤 나라보다도 결혼식 피로연을 화려하고 거창하게 치르는 나라거든. 평범하고 따분한 그리스 혈통의 서른 살 여자가 미국 남자를 만나 가족의 반대에도 불구하고 결혼에 이르는 과정을 그린 코미디 영화, 〈나의 그리스식 웨딩〉이 흥행에 성공한 뒤 그리스식 결혼식은 더욱 유명해졌지.

우리도 함께 그리스 결혼식을 구경해 볼까?

간단하게 시청에서 결혼식을 하는 사람도 있지만, 그리스 정교회의 신자들은 보통 교회에서 결혼식을 한단다. 주로 토요일이나 일요일 저녁에 결혼

식을 하는데, 신랑과 신부가 교회로 갈 때 낮부터 모여든 친척과 친구들이 이들을 둘러싸고 함께 간단다.

혼인 서약을 마치고 엄숙한 결혼식이 끝나면 사람들은 신랑 신부에게 쌀과 장미 꽃잎을 뿌리며 축하를 해 주지.

이어지는 결혼식 피로연은 단순히 밥만 먹고 끝나는 게 아니라 작은 시골 마을에서는 거의 마을 축제 수준의 파티가 벌어져. 엄청나게 준비한 음식을 먹고 마시며 때로는 새벽까지 춤을 추고 노는 거야.

피로연에서 신랑 신부는 그리스 전통춤을 추게 돼. 춤을 추기 전에 손님들은 신부의 웨딩드레스나 신랑의 양복에 옷핀으로 돈을 달아 준단다. 신부 측 손님은 신랑에게 신랑 측 손님은 신부에게 돈을 달아 주는 거야.

돈이 주렁주렁 달린 옷을 입은 신랑 신부는 축하객들과 손을 잡고 빙글빙글 돌면서 춤을 추지. 옷에 달아 주는 돈은 결혼식 선물이나 축의금과는 별도로 준비해야 한대.

돈이 주렁주렁 달린 옷을 입고 신랑 신부가 춤을 추고, 새벽까지 피로연을 벌이는 결혼 풍습은 터키에서도 찾아볼 수 있어. 그리스는 한동안 오스만 제국_{1299년에 오스만 1세가 셀주크 제국을 무너뜨리고 소아시아에 세운 이슬람 제국}의 지배를 받은 적이 있는데 오스만 제국을 세웠던 투르크족이 터키 사람들의 조상이거든. 그래서 서로 비슷한 풍습을 가지게 된 거야.

아메리카 이야기

북아메리카의 미국과 캐나다는 유럽에서 이민 온 사람들이 세운 나라야. 20세기에 일어났던 두 차례의 세계 대전을 치르며 유럽이 혼란을 겪는 동안 미국은 세계에서 가장 강한 나라로 자리 잡게 되었지. 미국 화폐의 주인공으로는 존경 받는 대통령이 주를 이루고 있고, 영국 연방에 속하는 캐나다 화폐의 주인공은 영국 여왕이야.

남아메리카는 안데스산맥이라는 거대한 산맥이 뼈대를 이루고 있는 넓은 대륙이고, 중앙아메리카는 북아메리카와 남아메리카를 연결하는 다리와 같은 지역과 카리브해에 자리 잡은 나라들로 이루어져 있어. 유럽의 식민지 지배를 받던 중남부아메리카 나라들은 대부분 19세기에 독립 국가가 되었지. 그래서 이들 나라의 화폐에는 혁명가들의 초상이 많이 그려져 있단다.

돈이 열리는 나무

'Money does not grow on trees.'

이 영어 속담은 '나무에서 열매가 생기듯이 돈은 저절로 생기는 것이 아니니 알뜰하게 써야 한다'는 뜻이야. 그런데 말이야, 16세기 멕시코에는 돈이 자라는 나무가 있었단다. 엉터리 소리라고? 믿기 힘들다면 16세기 멕시코로 여행을 떠나 볼까?

1519년 11월, 스페인의 에르난 코르테스 장군은 400여 명의 스페인 군인과 6천여 명의 아메리카 원주민 부대를 이끌고 아즈텍 왕국의 수도인 멕시코시티에 도착했어. 코르테스 장군은 스페인 국왕에게 황금의 나라인 엘도라도를 찾아 돌아가겠노라 약속을 하고 그의 지원을 받아 이곳에 갔단다.

　에르난 코르테스는 황금의 나라를 발견하지 못했어. 대신 황금이 열리는 나무를 발견했단다. 그는 카카오 열매가 물품 화폐로 사용되기에 충분한 가치가 있다고 판단했어. 그래서 카카오 열매를 물품 화폐로 쓰기로 하고, 캐리비안 일대에서 카카오나무를 재배했지.

　당시 노예 한 명은 카카오 열매 100개, 토끼 한 마리는 카카오 열매 4개와 교환되었단다. 카카오 열매가 바로 돈이었으니까, 코르테스는 돈이 열리는 나무를 발견했던 셈이지?

근대 동전의 아버지, 멕시코 은화

　16세기 멕시코를 정복한 스페인 사람들은 이곳에 엄청난 양의 은이 묻혀 있다는 아즈텍의 전설에 관심이 많았단다. 멕시코를 여행하는 사람들이 가장 인상적인 여행지로 꼽는 곳 가운데 하나인 '탁스코Taxco'는 이 전설이 현실로 되면서 만들어진 도시야.
　어느 날 '보르다'라는 사람이 말을 타고 가다가 돌에 걸려서 넘어졌대. 그런데 자기를 넘어뜨린 돌이 반짝이는 것을 알게 되었고, 호기심을 느끼고 돌을 캐다가 엄청난 규모의 은 광산을 발견하게 되었단다.
　'탁스코'는 세계 최고의 은 생산지가 되었고, '보르다'는 굉장한 부자가 되었지. '보르다'는 그에게 행운을 가져다 준 '탁스코'에 감사의 뜻으로 아름다운 '산타프리스카 성당'을 지어 바쳤단다.
　요즘 나라 간의 거래인 무역에서는 주로 미국 달러화나 유로화로 물건값을 치르지만 옛날에는 대부분 가치가 큰 귀금속을 주고받았어. 귀금속 가운데 무역을 하면서 가장 널리 쓰였던 지불 수단은 은이었단다.
　1535년 스페인은 멕시코에서 생산된 은을 이용해 은화를 만드는 조폐국을 만들었어. 이 은화는 멕시코 내에서만 사용되었던 것이 아니야. 아메리카 대륙은 물론이고, 아시아 여러 나라의 무역에도 이용되었단다.

19세기 조선에서 사용된 멕시코 은화

19세기 다른 나라와 통상을 하기로 하고 외국 선박이 드나들 수 있도록 허락했던 조선의 항구에서도 사용되었어.

너희도 관찰력이 뛰어나면 '보르다'가 은광을 발견한 것처럼 굉장한 발견을 할 수도 있어.

한 가지 숙제! 관찰력을 기르는 의미에서 한국은행 화폐 금융 박물관에 가면 눈을 크게 뜨고 19세기 우리나라에서 사용되었던 멕시코 은화가 어디에 진열되어 있는지 찾아보기.

멕시코 은화는 훗날 다른 나라에서도 동전을 만들게 되었을 때 참고로 한 모델이 되었단다. 그러니까 멕시코 은화는 '근대 동전의 아버지'인 셈이야.

미국 돈의 단위는 왜 달러가 되었을까?

세계에서 가장 널리 사용되는 통화는 미국 달러화야. 그래서 돈의 단위로 가장 유명한 것이 달러인데, 달러라는 이름은 어떻게 붙여졌을까?

1519년 보헤미아의 세인트요아힘스탈(요아힘의 골짜기라는 뜻) 지방에서 생산된 은으로 만든 은화를 '요아힘스탈러Joachimsthaler'라고 불렀단다. 이 은화는 독일을 비롯한 전 유럽에서 아주 인기가 많았는데 나중에는 이름을 줄여서 탈러Thaler라고 부르게 되었지.

탈러는 사용되는 나라에 따라 조금씩 발음이 달라졌는데, 네덜란드에서는

'다렐', 스페인에서는 '다레라'로 불렀고, 영어를 사용하는 지역에서는 '달러'로 불렀어. 셰익스피어 연극에서는 '달러'가 '돈'을 뜻하는 낱말로 사용되기도 했단다.

아메리카 대륙의 스페인 식민지에서는 스페인 은화가 많이 사용되었어. 스페인 은화의 실제 단위는 페소였지만 독일의 탈러와 크기와 무게가 같았기 때문에 '스페인 다레라'로 불리는 경우가 많았어. 미국이 멕시코나 페루처럼 스페인 식민지와 무역을 할 때는 스페인 은화가 많이 사용되었단다. 그래서 스페인 은화는 미국에서도 아주 많이 사용되었지.

미국은 1776년 독립 선언을 한 뒤, 1783년 파리 조약에서 독립이 승인될 때까지 자체적인 화폐 제도를 갖추지 못하고 영국·스페인·프랑스 등의 외국 화폐를 사용하고 있었어.

그런데 이때 가장 많이 사용되었던 화폐가 스페인 은화여서 1785년 의회에서는 다레라의 영어식 발음인 달러를 미국의 화폐 단위로 채택했단다.

달러를 뜻하는 기호 '$'에 기원은 정확하게 알려지지 않았어. 멕시코에서 제조되어 미국과 캐나다에서도 함께 사용되었던 스페인의 8리알 은화에 두 개의 헤라클레스 기둥을 둘러싼 S자 모양의 장식용 리본이 있었는데, 이를 본떠서 만들었다는 주장도 있고, 스페인 국왕의 문장에서 나왔다는 주장도 있어.

어떤 주장이 맞는지는 알 수 없지만 미국이 독립 국가가 된 뒤 화폐의 단위나 기호를 정하면서 지배자였던 영국보다는 스페인의 영향을 많이 받았던 것은 틀림없는 사실이야.

미국 달러는 크기와 색상이 모두 같아요!

한국을 비롯한 대부분의 나라가 지폐를 권 종별로 색상을 다르게 만들어. 그래서 색상만 보고도 얼마짜리 지폐인지 금방 구분할 수 있도록 했어.

하지만 미국 달러화는 지폐의 크기와 색상을 모두 동일하게 만들어 이미지를 통일시켰단다. 미국의 지폐 1, 2, 5, 10, 20, 50, 100달러는 모두 녹색 계열이며 규격도 모두 가로 155.9밀리미터, 세로 66.3밀리미터야.

지폐의 도안으로는 앞면은 전직 대통령이나 재무 장관 등 정치가들의 초상을 사용하고, 뒷면은 인물과 관련된 건축물을 채택하고 있어.

1달러에는 초대 대통령인 조지 워싱턴, 2달러는 3대 대통령인 토마스 제퍼슨, 5달러에는 노예 제도를 없앤 것으로 유명한 16대 대통령 에이브러햄 링컨, 10달러에는 초대 재무 장관인 알렉산더 해밀턴, 20달러에는 7대 대통령인 앤드류 잭슨, 50달러에는 18대 대통령인 율리시스 그랜트, 100달러에는 독립 선언문을 작성했던 벤자민 프랭클린이 그려져 있지.

또 한 가지 특이한 것은 모든 지

미국 달러에 쓰인 글씨_IN GOD WE TRUST

폐의 뒷면에 이런 글이 쓰여 있어.

'우리는 하나님을 믿는다IN GOD WE TRUST'

매일 사용하는 돈 속에 새겨진 이 글귀는, 미국 사람들이 1620년 종교의 자유를 찾아 영국에서 이민 왔던 그들의 조상들을 얼마나 존경하고 있는지 그대로 드러내고 있지.

팁클

행운의 2달러

2달러 지폐는 행운을 주는 돈이다. 영화배우 그레이스 켈리는 프랭크 시나트라로부터 2달러 지폐를 선물 받은 뒤 모로코 왕비가 되었다. 그 뒤 사람들은 2달러 지폐가 행운을 가져온다고 믿게 되었다.

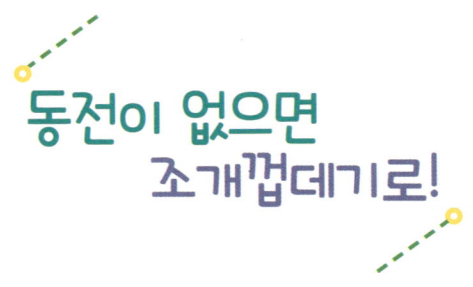

미국 서부 도시 가운데 우리에게 잘 알려진 로스앤젤레스와 샌프란시스코의 중간 지점에 피스모 비치라는 해변이 있단다. 오염되지 않은 깨끗하고 고운 모래로 유명한 이곳은 서부 해변 가운데 가장 아름다운 경치를 자랑하는 곳이라 여러 영화의 촬영지로 선정되기도 했지.

다른 해변과 달리 썰물 때 주먹보다 큰 왕조개가 잘 잡히기로 소문난 곳이란다. 이 조개로 만든 클램 차우더라는 음식이 이곳의 명물 가운데 하나라고 하니까, 혹시 이곳을 여행할 기회가 있으면 꼭 한번 먹어 보도록 해.

우리 속담에 '이가 없으면 잇몸으로'라는 말이 있지? 음식을 씹는 일을 하는 이가 없다면 잇몸이 대신 하게 하듯이 무슨 일을 하는 데 꼭 필요한 것이 없으면 그것을 대체할 방도가 있다는 뜻이지.

20세기 경제 역사에서 가장 큰 사건을 꼽으면 1929년 미국에서 시작해서 세계를 공포에 몰아넣었던 경제 대공황일 거야. 미국 주식 시장의 폭락으로 시작된 세계적인 경제 불황은 1939년 제2차 세계 대전이 일어나기 전까지 지속되었거든.

1930년에는 4백만이었던 미국의 실업자 수가 2년 뒤에는 1천3백만 명이 되었고, 거리에는 일자리를 잃고 헤매는 사람들로 넘쳐났단다. 실업자와 가난한 사람들이 식료품 무료 배급소 앞에 줄지어 서 있는 모습은 어느 도시에서나 흔히 볼 수 있는 광경이었고 1932년 미국의 국민 총생산_{일정 기간 동안 한 나라의 국민이 생산한 재화와 용역의 부가 가치를 시장 가격으로 평가한 총액}은 1929년의 56퍼센트 수준까지 떨어졌지.

　피스모 비치 지역도 경제 공황을 피해 갈 수 없었다. 이곳에서는 은행에 문제가 생겨 동전 공급이 제대로 이루어지지 않아서 생활필수품을 사고파는 일에 어려움이 생겼다고 해. 그러자 1933년 레스트웰 캐빈스라는 사람이 아주 기발한 방법을 생각해 냈어. 그는 이곳 상인들과 관리들의 동의를 얻어 왕조개 껍데기를 이용해 25센트, 50센트, 1달러 등 세 종류의 돈을 만들었어.

조개 돈

큰 조개는 작은 조개보다 돈의 가치가 크게 매겨졌단다. 발행 번호와 함께 앞뒷면에 그의 서명이 들어간 조개 돈은 실제 돈처럼 사용되었다고 해.

조개 돈에는 언제든지 달러와 바꾸어 주겠다는 글이 적혀 있었대. 하지만 이를 달러로 바꾸어 달라고 하지 않고 재미로 지니고 있는 사람들이 많아서 레스트웰 캐빈스는 조개 돈을 달러로 바꾸어 줄 필요가 거의 없었단다.

물품 화폐가 사용되었던 시절에 조개껍데기는 많은 지역에서 돈의 역할을 했는데, 20세기 미국에서도 이런 일이 일어났다고 하니 재미있지?

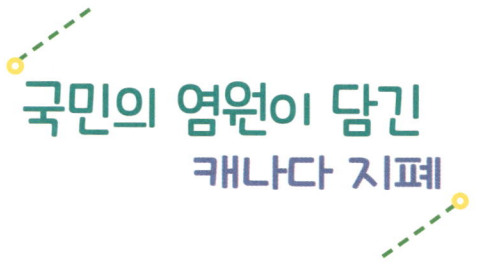

국민의 염원이 담긴 캐나다 지폐

드넓은 북아메리카 대륙의 40퍼센트를 차지하는 캐나다는 러시아에 이어 세계에서 두 번째로 넓은 영토를 가진 나라야. 미국은 독립 전쟁을 치른 뒤 영국으로부터 독립했지만 영국과 프랑스의 식민지였던 캐나다는 1867년 자치령이 된 이후 1931년 평화적으로 공식 독립을 한 나라란다. 아직도 영국 연방_{영국을 중심으로 지난날 영국의 식민지였던 여러 자치 공화국, 자치령, 직할 식민지, 신탁 통치령, 보호령 등이 결합한 연합체}의 하나로 국민들은 영국 여왕을 섬기고 있어.

미국처럼 이민자들에 의해 세워진 나라지만 두 나라의 문화는 차이가 있어. 미국 문화는 다양한 문화들이 한곳에 섞여서 '냄비로 끓이는 것처럼' 뒤섞인 것임에 비해 캐나다의 문화는 '모자이크와 같다'고 한단다. 국민들은 저마다 다양한 고유문화를 간직하고 있지만 작은 조각을 붙여서 만들어진 커다란 그림인 모자이크처럼 전체적으로 조화를 이루고 있기 때문이지.

다양한 인종과 민족으로 구성된 캐나다에서 이러한 고유문화를 수용하기 위한 다문화주의 노력은 화폐에도 담겨 있단다.

1986년에 발행한 새^{Birds} 시리즈라는 캐나다 지폐의 앞면에는 영국의 엘리자베스 2세 여왕의 초상과 캐나다 역대 수상의 초상을 그려 넣었고, 뒷면에는 물총새·아비새·흰올빼미·캐나다 기러기 등 새를 도안으로 채택했단다.

캐나다는 하나임을 나타내려는 의지를 표현하기 위해 캐나다의 자연을 화폐의 도안으로 택한 거야. 그런데 2001년 발행된 10달러 지폐 뒷면에는 새 대신 국민들이 세계 평화를 기원하는 모습으로 도안을 바꾸며 세계 평화에 대한 캐나다의 관심을 나타내기도 했어.

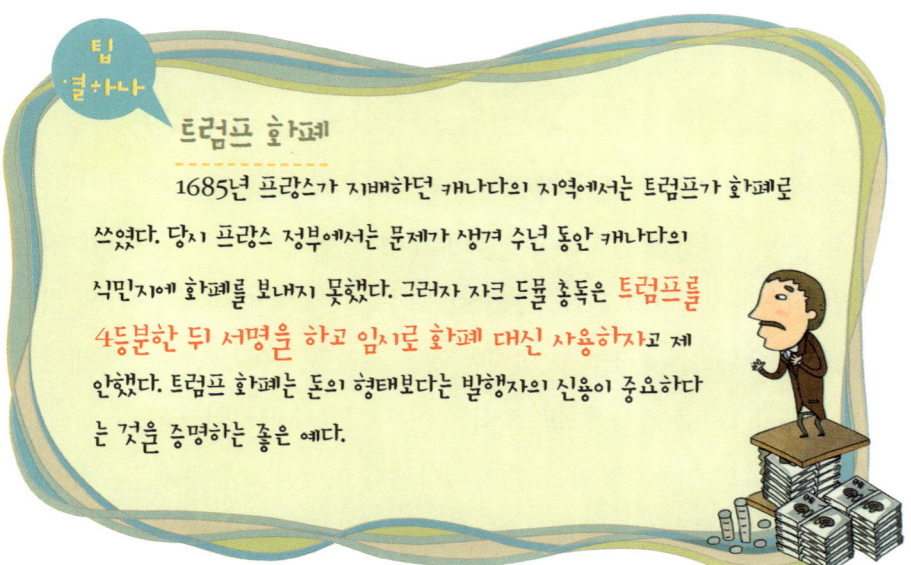

팁 하나

트럼프 화폐

1685년 프랑스가 지배하던 캐나다의 지역에서는 트럼프가 화폐로 쓰였다. 당시 프랑스 정부에서는 문제가 생겨 수년 동안 캐나다의 식민지에 화폐를 보내지 못했다. 그러자 자크 드묄 총독은 트럼프를 4등분한 뒤 서명을 하고 임시로 화폐 대신 사용하자고 제안했다. 트럼프 화폐는 돈의 형태보다는 발행자의 신용이 중요하다는 것을 증명하는 좋은 예다.

우리는 혁명가를 존경해요

중남미아메리카 나라들은 대부분 19세기 유럽의 식민지 지배에서 벗어나 독립 국가가 되었어. 그래서 이들 나라의 화폐에는 나라의 독립을 위해 싸웠던 수많은 민족 운동 지도자들이 등장한단다.

독립을 한 이후에도 정치적인 불안이 계속되었던 나라의 화폐에는 억압받는 가난한 사람들을 위한 혁명을 이끌었던 혁명가들의 초상이 등장하지. 가장 대표적인 사람이 쿠바의 3페소 지폐에 등장하는 체 게바라야.

아마 쿠바를 모르는 사람이라도 별이 그려진 검은 베레모를 쓴 잘생긴 혁명가 체 게바라의 얼굴은 본 적이 있을 거야. 그의 얼굴이 그려진 티셔츠를 입고 다니는 대학생 형들이 우리나라에도 제법 있으니까.

체 게바라는 아르헨티나 사람이지만 쿠바에서 피델 카스트로가 게릴라 군대를 이끌고 독재 정부를 무너뜨리는 혁명을 일으켰을 때 가장 큰 도움을 주었던 사람이야. 혁명의 성공으로 쿠바에 중남미아메리카 최초의 사회주의 정부가 들어선 이후 그에게는 국립은행 총재, 산업부 장관 등의 중요한 직책이 맡겨졌어. 하지만 그는 볼리비아의 가난한 사람들을 위한 혁명에 힘을 보태야 한다면서 쿠바를 떠났지.

쿠바 사람들은 자기 나라 사람을 제치고 그를 쿠바 지폐의 인물로 택할 정도로 체 게바라를 좋아한단다.

그런데 말이야. 모든 동전에 '쿠바가 아니면 죽음을'이라는 문구를 넣을 정도로 혁명을 좋아하는 쿠바에서 2007년 새 지폐를 발행하면서 10페소짜리 지폐에 한국의 현대중공업에서 생산한 이동식 발전 설비를 도안으로 채택했어.

섬이 많은 데다 수시로 허리케인까지 몰아쳐 대형 발전소를 건설하기 어려웠던 쿠바에서는 전력난이 아주 심각한 문제였단다. 그런데 2006년 한국에서 수입한 발전 설비를 설치하고 나서 고민이 깨끗이 해결되었다는 거야.

이 발전 설비가 '에너지 혁명'이란 문구와 함께 돈의 도안으로 채택된 것을 보면 쿠바인들은 이것을 또 다른 혁명으로 여긴다는 뜻이겠지?

현대중공업 발전 설비가 인쇄된 2007년 쿠바 10페소

사진 제공_현대중공업

언제든지 금으로 바꾸어 줄게, 달러화를 기준 국제 통화로 하자!

뉴스에서는 국내 총생산이나 1인당 국민 소득, 또는 수출입 금액 등 경제 활동의 상태를 알아보려고 특정 경제 현상을 통계 수치로 나타낸 '경제지표'를 발표해. 그런데 이 지표는 항상 미국 달러화를 기준으로 하지. 이는 현재 국제 거래의 기준이 되는 통화가 미국 달러화이기 때문이야.

예전에는 금을 기준으로 해서 각 나라의 상대적 화폐 가치를 정하고 이를 기준으로 환율이 정해졌어. 하지만 현재는 모든 국제 거래의 기준을 금이 아

팁 열둘 — 기준 통화
다른 나라와 거래를 할 때마다 상대방 나라의 수많은 화폐 가치를 일일이 따져야 하는 불편을 줄이기 위해 거래 기준으로 정한 통화를 말한다. 가장 널리 사용되는 기준 통화는 미국 달러화이다.

나라 미국 달러화로 한단다.

언제부터 미국 달러화가 이런 힘을 가지게 된 걸까?

제2차 세계 대전이 막바지에 접어들었던 시기, 미국과 유럽 여러 나라는 세계 경제 회복과 안정적인 경제 성장을 위해서 새로운 국제 통화 시스템이 마련되어야 한다고 보았어.

그래서 새로운 세계 경제 질서를 세우기 위한 목적으로 1944년 7월, 미국 뉴햄프셔 주 브레튼우즈 박물관에서 44개국 대표들이 모여서 회의를 하게 되었어. 거기에서 자유로운 무역을 위해 각종 무역 장벽을 낮추기로 합의했지.

무역이 활발하게 이루어지려면 물건을 사고파는 일이 두 나라 모두에게 이득이 된다는 생각이 들어야 해. 그러기 위해서는 물건 가격을 정하고 돈을 주고받는 일이 적정하게 이루어져야 하지. 이런 일을 결정하기 위한 기준이 바로 금이었단다. 일정한 무게의 금을 두 나라 화폐 가치로 바꾸고 이를 비교해서 상대방이 가진 화폐로 물건값을 받을 때 적용할 환율을 정했단다.

그런데 이 회의에서 이런 기준을 금의 무게만이 아니라, 돈의 가치가 금의 무게에 일정하게 고정되어 변동이 없는 화폐까지 포함시키자는 말이 나왔어. 당시 미국의 국내 총생산은 세계 국내 총생산의 50퍼센트에 달했고, 전 세계 금의 70퍼센트를 미국이 가지고 있었어. 그래서 미국은 자신 있게 이야기했던 거야.

"금 대신 달러화를 기준으로 합시다. 대신 언제든지 달러를 들고 오면 35달러에 금 10온스로 바꿔 주겠소!"

실제로 통화와 금을 거래하는 일은 여러 가지로 불편했기에, 그 뒤로 언제라도 금과 바꾸는 일이 가능했던 미국 달러화를 기준으로 한 거래가 늘어났단다. 그래서 미국 달러화가 국제 거래에서 기준 통화의 역할을 하게 된 거야.

세계 여러 나라에서 사용되는 돈의 종류는 아주 많아. 이렇게 다양한 나라의 돈을 서로 바꿀 때는 무엇이 기준이 될까? 이때 적용되는 기준을 환율이라고 해. 즉, 환율은 서로 다른 나라의 돈을 교환하는 비율이지.

돈의 종류가 많다 보니 '원화와 달러화의 환율', '원화와 엔화의 환율' '엔화와 달러화의 환율' 등 환율의 종류는 아주 많아. 그러나 보통 환율이라고 하면 '원화와 달러화를 바꾸는 비율'을 가리켜. 예를 들어 환율이 1천 원이라고 하면 미국 돈 1달러를 바꾸기 위해서 우리 돈 1천 원이 필요하다는 뜻이야.

환율을 결정하는 제도는 고정 환율제와 변동 환율제로 나누어진단다. 고정 환율제는 정부가 '1달러는 우리 돈으로 얼마다'라는 기준을 정한 뒤 일정 기간 동안 이를 변경하지 않고 계속 사용하는 제도야. 변동 환율제는 시시각각 환율이 바뀌는 것을 허용하는 제도인데, 요즘은 세계적으로 이 제도가 널리 이용되고 있어.

그럼 환율 제도가 어떻게 변화되었는지 알아보기로 할까?

1971년 미국은 브레튼우즈에서 약속했던 달러화와 금의 교환을 요청하면 언제든지 이를 받아들인다는 금 본위 제도를 포기했단다. 1960년대 후반 미국이 베트남 전쟁을 치르며 힘을 소모하는 동안 일본과 독일은 눈부신 경제 성장을 해서 힘이 강해졌어.

미국에 문제가 생길 가능성을 염려한 나라들은 1970년 말부터 1971년 중반까지 달러와 금을 바꾸어 줄 것을 요구하기 시작했단다. 이런 요구를 계속해서 받아 주다 보니 미국에서는 약 반년 사이에 가지고 있던 금의 30퍼센트가량이 사라져 버렸어.

뿐만 아니라 당시 세계에서 가장 많은 금을 생산했던 소련이 미국을 골탕 먹이려고 금 생산을 중단하기로 결정했지. 당시 세계는 미국을 중심으로 하는 자본주의 국가와 소련을 중심으로 하는 사회주의 국가 두 그룹으로 나누어져 다툼을 벌이고 있었거든. 소련이 금 생산을 중단하자 공급이 줄어들어 세계 시장에서의 금 가격이 폭등했어.

더 이상 달러화를 금으로 바꾸어 달라는 요구를 받아들이기 힘들어진 미국은 금 본위 제도를 포기했단다. 그러자 다른 나라들이 달러에 자기 나라 통화 가치를 고정하는 일을 하지 못하겠다고 선언했어. 금으로 교환하는 것이 불가능해지니까 달러 가치에 대한 불신이 생긴 거야. 결국 브레튼우즈에서 합의했던 내용들은 더 이상 지켜지지 않게 된 거지.

미국의 금 본위 제도의 폐지로 각국의 화폐 거래를 원만하게 이끌어갔던 질서가 무너지고 말았어. 세계 금융 시장이 혼란스러워지자 각 나라는 새로운 제도를 마련할 필요가 있음을 깨달았어.

1971년 워싱턴의 스미소니언 박물관에서 선진 10개국의 재무 장관과 중앙은행 총재들이 모여서 의견을 나눈 결과 고정 환율 제도를 기본으로 하되 필요한 경우 2.25퍼센트의 범위 내에서 환율 변동을 가능하게 하자는 협정이 맺어졌단다. 그러나 시간이 흐르면서 이런 제도로는 급속한 세계 경제 상황의 변화가 환율에 제대로 반영될 수 없다는 것을 깨달았어.

결국 1976년 1월, 자메이카 수도 킹스턴에서 열린 회의에서 각 나라는 경제 여건에 따라 환율 제도를 자유롭게 선택하기로 합의했단다. 그래서 현재는 세계 대부분의 나라에서 시장의 변화에 따라 환율 변동이 이루어지는 변동 환율 제도를 채택하고 있지.

팁 열섯

국제 통화 기금(International Monetary Fund: IMF)

IMF는 브레튼우즈 협정에 의해 1945년에 만들어진 국제기구로 2020년 말 현재, 가입된 국가는 190개국이며, 본부는 미국 워싱턴에 있다. 무역을 원활하게 하여 세계 경제의 성장을 돕고 일자리와 소득을 늘리는 것을 목적으로 만들었다.

형편이 어려워져서 돈이 급하게 필요한 회원국에게 여러 회원국이 내놓은 기금을 빌려주어 경제 회복을 돕는 일뿐만 아니라 원활한 무역을 방해하는 환율 정책이나 외환 제도에 대한 감시도 겸하고 있다. 그러므로 IMF는 세계 여러 나라의 통화의 가치가 환율에 제대로 반영되는지를 감독하는 국제 금융 기구라고 할 수 있다.

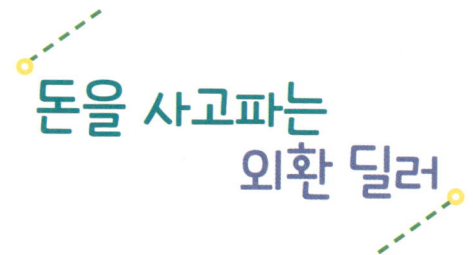
돈을 사고파는 외환 딜러

외환 시장에서 서로 다른 나라의 돈을 사고파는 거래를 영어로는 딜Deal이라고 하고, 외환을 사고파는 사람들을 외환 딜러Dealer라고 해. 딜러들은 세계 경제가 어떻게 변할지, 해당 통화를 발행한 나라의 경제 상황이나 수출입 규모는 어떤지 등 여러 요인을 따져 보고 거래를 한단다.

그러나 딜러들이라고 해서 언제나 앞날을 정확하게 예측하는 것은 아니야. 지진이나 허리케인과 같은 자연재해나 9.11 테러와 같은 생각지 못했던 일들이 벌어지면 외환 시장이 예상과 반대로 움직이기도 하거든.

외환 딜러들이 일하는 사무실을 구경하고 싶다고? 마침 점심시간이구나, 딜러들이 점심을 먹으러 나간 사이에 잠시 딜링 룸을 엿보기로 하자.

아무도 없을 줄 알았는데, 무슨 일이지? 딜러들이 책상을 식탁 삼아 김밥을 먹으면서 컴퓨터 화면을 뚫어지게 쳐다보고 있네.

변동 환율 제도에서 환율은 물건 가격과 마찬가지로 수요 공급의 법칙에 의해서 결정된단다. 딜러들은 사거나 팔 통화와 가격을 제시하는데 이런 조건에 거래를 원하는 상대방이 있으면 거래가 이루어져. 이렇게 거래가 이루어질 때마다 환율은 시시각각 달라지는 거야.

　우리 외환 시장에서의 최저 거래 금액은 1백만 달러야. 1백만 달러 거래에서 1원만 비싸게 사도 1백만 원을 손해보게 되는 셈이지. 환율 변동이 심한 날은 잠깐 자리를 비운 사이 큰 낭패를 볼 수도 있어. 그래서 이런 날 딜러들은 점심을 먹으러 나가는 것은 물론 화장실 가기도 무서워한단다.
　외환 시장에서 달러화를 판다는 주문이 산다는 주문보다 많으면 환율은 내려가고, 반대면 올라간단다. 어제 외환 시장에서의 환율은 1,100원으로 끝났어. 그런데 오늘 아침 달러화를 판다는 주문이 산다는 주문보다 많아서 1,080원에 거래가 이루어졌어. 그럼 환율은 20원이 내린 1,080원으로 변하는 거야.
　한국의 수출이 늘어서 무역 수지 일정 기간 동안에 상품의 수출입 거래로 생기는 국제 수지 흑자가 늘어나면 우리 외환 시장에서 달러화의 공급이 많아져. 그러면 달러화를 파는 사람이 늘어나니까 환율은 내려가게 돼.

달러화에 대한 원화의 환율이 내렸다는 것은 달러화의 가치가 내려가고 원화의 가치는 올라갔다는 뜻이야. 예전에는 1달러를 사는데 1,100원이 필요했지만 이제 1,080원이 필요하게 되었으니 상대적으로 달러화의 가치는 내려가고 원화의 가치가 올라간 거지.

세계 경제를 뒤흔드는 환율의 힘

환율이 언제나 시장의 수요 공급에 따라 정해지는 것은 아니야. 어느 나라나 외환 시장의 큰손은 정부라고 할 수 있어. 각 나라 정부는 경제 정책에 따라 원하는 환율 수준이 있어서 간접적으로 환율 수준을 조절하려고 시도할 때가 있어.

우리 정부도 달러화에 대한 원화의 환율이 너무 내려가서 수출이 줄어든다고 판단되면 환율을 올리려고 노력한단다. 다른 나라 정부도 이렇게 하는 경우가 많아. 또한 무역 수지 적자 폭 때문에 나라 간에 신경전을 벌이는 무역 마찰이 생기면 환율을 놓고 힘겨루기를 하는 경우도 있지.

1980년대 중반까지 달러화는 미국의 대규모 적자에도 불구하고 실제보다 높게 평가되고 있었어. 달러화 예금에 대해 높은 이자를 주는 고금리 정책이 실시되어 달러화에 투자했을 때 수익성이 좋았고, 미국의 정치적, 경제적 위상 때문에 많은 나라에서 일본 엔화나 영국 파운드화, 독일 마르크화보다는 달러화를 가지고 있는 것을 좋아했기 때문이지.

그래서 미국 상품을 수입하면 실제 가치보다 비싸게 사는 셈이 되었단다. 이것으로 미국 상품의 국제 경쟁력은 떨어져 수출이 줄어들었고, 미국 시장에는 다른 나라의 저렴한 수입품이 넘쳐났지.

그래서 미국 기업의 수출 경쟁력을 살리는 것이 정부가 당면한 최대의 과제로 떠올랐어. 미국 정부의 강력한 의지로 1985년 9월 프랑스·독일·일본·영국·미국 등 G5 선진 5개국 재무 장관 중앙은행 총재회 국가 대표들이 미국 뉴욕의 플라자호텔에 모여서 '플라자 합의 Plaza Accord'라는 것을 체결했단다. 주요 내용은 미국 달러화에 대한 일본 엔화와 독일 마르크화의 환율을 내리기로 한 거지.

'플라자 합의'가 이루어지기 전 미국에 대한 일본의 연간 수출액은 수입액보다 무려 400억 달러나 많았어. 미국이 단기간에 일본 물품의 수입을 줄이는 가장 효과적인 방법은 미국 달러화에 대한 엔화의 환율을 내리는 것이어서 미국은 이런 합의를 이끌어 낸 거야.

당시 달러화에 대한 엔화의 환율은 1달러당 240엔 정도였어. 일본 기업이 미국으로 자동차 한 대를 수출하고 1만 달러를 받으면 자기 나라 돈으로는 240만 엔을 받은 셈이지. 이 자동차를 180만 엔을 받고 팔면 본전이라고 하자. 이런 경우 일본 기업은 1달러 당 180엔이 될 때까지는 수출을 계속할 거야. 하지만 환율이 1달러 당 150엔이 되면 자동차 한 대를 수출할 때마다 30만 엔씩 손해를 보게 되니까 수출을 중단하게 되지.

이렇게 달러화에 대한 엔화의 환율이 내리면 일본의 수출은 줄어들 수밖에 없단다. 그래서 미국은 무역 수지 적자가 큰 일본과 독일 두 나라에 엔화와 마르크화의 환율을 내릴 것을 강력하게 요청한 거야.

'플라자 합의'로 달러당 240엔대였던 환율은 지속적으로 내려가 1988년에는 123엔까지 내려갔단다. 독일 마르크화의 환율도 1주일 사이에 달러화에 대해 약 7퍼센트 정도 떨어졌지.

환율을 둘러싼 힘겨루기에서 미국이 일본을 이김으로써 미국 제조업체들은 1980년대의 불황을 딛고 세계 시장에서의 경쟁력을 회복했어. 반면 일본은 무역 수지 흑자 폭이 줄어들면서 부동산 가격이 내려가기 시작했고, 그 후유증으로 거의 20년 동안 경제 불황이 계속되었단다.

팁 ·힐넷

무역 수지 흑자와 적자

수출이 수입보다 많아서 외국에서 받은 돈이 준 돈보다 더 많으면 무역 수지 흑자라고 한다. 반대로 수입이 수출보다 많아서 받은 돈보다 외국으로 준 돈이 더 많으면 무역 수지는 적자다.

20세기 최고의 발명품, 신용 카드

1949년 뉴욕의 한 식당, 귀한 손님을 저녁 식사에 초대했던 프랭크 맥나마라는 음식값을 지불하려다가 깜짝 놀랐어.
"이런, 양복을 바꿔 입으면서 지갑 챙기는 것을 깜박 잊었군."
연락을 받은 그의 아내가 돈을 가지고 헐레벌떡 식당으로 달려와서 저녁 식사 값을 겨우 치를 수 있었지.
맥나마라는 1년이 지난 뒤에도 그 일만 생각하면 얼굴이 달아올랐어. 어느 날 친구였던 변호사 랄프 슈나이더에게 이렇게 물어보았단다.
"이봐, 친구. 식당에서 음식을 먹고 음식값은 나중에 낼 수 있다면 편리하겠지?"
슈나이더는 껄껄 웃었지.
"물론 편리하지. 하지만 돈도 받지 않고 음식을 주는 마음 좋은 식당 주인이 있을까?"

하지만 맥나마라는 이런 일을 가능하게 만들었어. 그는 랄프 슈나이더와 함께 식사를 한 뒤 돈은 나중에 낼 수 있게 해 주는 방법을 생각하다가 플라스틱 카드를 생각해 낸 거야. 그리고 이런 카드를 만들어 주는 회사를 만들고 회원을 모집했지. 처음 회원은 약 200명 정도였는데 카드의 이름은 '저녁 식사를 하는 사람들'이란 뜻을 가진 다이너스 카드였어. 그들이 만들어 준 플라스틱 카드는 식당 주인들에게는 먼저 식사를 하고 나중에 돈을 갚을 사람이라는 것을 알려 주는 도구였지.

지갑을 가져오지 않았던 실수가 세계 최초의 신용 카드를 발명하는 계기가 된 거야. 신용 카드는 돈의 역할을 대신할 수 있는 20세기 최고의 발명품이라는 말을 들을 정도로 기발한 플라스틱 화폐야.

하지만 신용 카드는 가맹점에서만 사용할 수 있는 지불 수단이지. 언제 어느 곳에서든지 누구나 지불 수단으로 받아들이는 것을 돈이라고 하니까, 엄밀하게 말해서 신용 카드는 돈이라고 할 수는 없어.

세계 최초의 신용 카드

　신용 카드는 사용할 사람의 신용을 따져 본 뒤에 만들어 주기 때문에 어린이들에게는 신용 카드를 발행해 주지 않아.
　그렇지만 나중에 신용 카드를 쓸 때를 대비해서 꼭 알아 두어야 할 사항을 이야기해 줄게. 신용 카드로 물건을 사는 것은 외상으로 사는 것과 마찬가지야. 신용 카드를 쓰고 나면 나중에 돈을 내라는 청구서를 받아. 당장 돈을 내지 않아도 된다고 마구 쓰면 절대 안 돼.
　청구된 돈을 갚지 못하면 신용이 나쁜 사람이 된단다. 신용이 나쁜 사람이 되면 더 이상 신용 카드를 쓸 수 없고 금융 기관에서 돈을 빌릴 수도 없어. 그러니까 신용 카드를 쓸 때는 항상 계획을 세워서 사용해야 한단다. '정말 필요한 물건인지, 나중에 갚을 수는 있는지'를 말이야.

우리는 위험 부담이 적은 수표를 사용해요

"식사를 하면서 계속 웃는구나. 무슨 좋은 일 있니?"

제니는 저녁 식사가 끝난 뒤에 말씀드리려고 했는데, 당장 이야기해 버리고 말았지 뭐야.

"다음 달 첫째 수요일에 유니버설 스튜디오로 견학을 간대요. 너무 신나요."

제니는 1930년대 왕조개 껍데기가 동전처럼 사용되었던 피스모 비치 해변에 살고 있은 초등학교 4학년 여자 어린이야. 아직 소녀티를 벗지 못했지만 스스로를 아름다운 금발 머리 아가씨라고 생각하지. 제니의 꿈은 영화배우가 되는 거야. 그런데 학교에서 유니버설 스튜디오로 견학을 가게 되었으니 기분이 좋을 수밖에.

"견학 비용은 얼마야? 언제까지 내는 건데?"

"85달러라고 해요. 다음 주말까지 수표를 가지고 가면 돼요."

학교에 견학 비용을 내는데 왜 수표를 가지고 갈까? 은행에 미리 돈을 맡겨 놓고 발행하는 수표는 이를 가지고 있는 사람에게 돈을 내주어도 좋다는 뜻을 전하는 지급 명령서라고 할 수 있어.

13세기 유럽 상인들 사이에서 사용되기 시작했던 지급 명령서가 은행업이 발달하면서 현재와 같은 수표로 발전하게 된 거지. 지금처럼 온라인 송금이 발달되지 않았던 시절에는 큰돈을 가지고 다니는 데 따르는 불편과 위험을 줄여 주는 수단이 되었으므로 수표가 널리 사용되었단다.

우리나라에서는 주로 은행에서 발행한 은행 수표를 사용하는데 비해, 미국이나 캐나다에서는 개인이 발행하는 개인 수표도 많이 사용한단다. 은행에 가서 수표를 발행할 수 있는 예금을 들면 수표 묶음을 주지. 이 수표에 돈을 줄 사람과 금액을 적은 뒤 서명을 하면 수표를 발행한 거야.

수표를 받은 사람은 이것을 돈처럼 사용하거나 은행에 가서 현금으로 바꾼단다. 요즘은 미국이나 캐나다에서도 쇼핑을 하거나 음식을 먹은 뒤 카드 사용이 늘었다지만 아직까지 개인 수표도 사용되고 있어.

제니가 학교에 유니버설 스튜디오 견학 비용을 내는 것처럼 부모님이 어린이를 통해서 학교에 특별 활동 비용을 보내거나, 자동차 등을 사면서 일부 금액을 미리 치를 때, 인터넷 게시판을 통해 직거래로 물건을 사면서 물건이 마음에 들지 않으면 취소하고 싶을 때 등 개인 수표를 사용하는 것이 편리할 경우가 있거든.

혹시 허황되거나 거짓을 말하는 사람에게 '부도 수표 그만 날려!'라고 면박을 주는 것을 본 적이 있니? 부도 수표란, 수표를 발행한 사람의 예금 계좌에 돈이 모자라 은행에서 지급을 거절한 수표를 말해.

우리가 주로 사용하는 은행 수표는 돈을 미리 맡긴 뒤 발행하므로 실수로 잃어버린 경우가 아니면 거의 부도가 나지 않아. 그러나 개인 수표는 맡겨 놓은 돈보다 더 많은 금액의 수표를 발행하는 경우가 있어 은행이 종종 돈을 지급해 주지 않고 부도 처리를 한단다. 그러니까 부도 수표는 휴지 조각이나 마찬가지야.

　우리 기업들이 물품 대금을 주면서 돈 대신 많이 사용하는 어음이나 당좌 수표는 은행에 그곳에 적혀진 날짜에 돈을 주라고 하는 지급 명령서라고 할 수 있어. 개인 수표와 마찬가지 성격이라 발행 기업의 예금 계좌에 충분한 돈이 없으면 은행에서는 부도 처리를 하지.

　그러나 미국이나 캐나다의 개인 수표가 부도가 날 경우 은행에 약간의 벌금만 내면 되지만 우리나라에서 어음이나 당좌 수표를 부도내면 범죄자로 처벌을 받아. 그래서 기업을 경영하다가 부도를 낸 경우 처벌을 받는 것을 피해서 도망 다니는 사람도 있어.

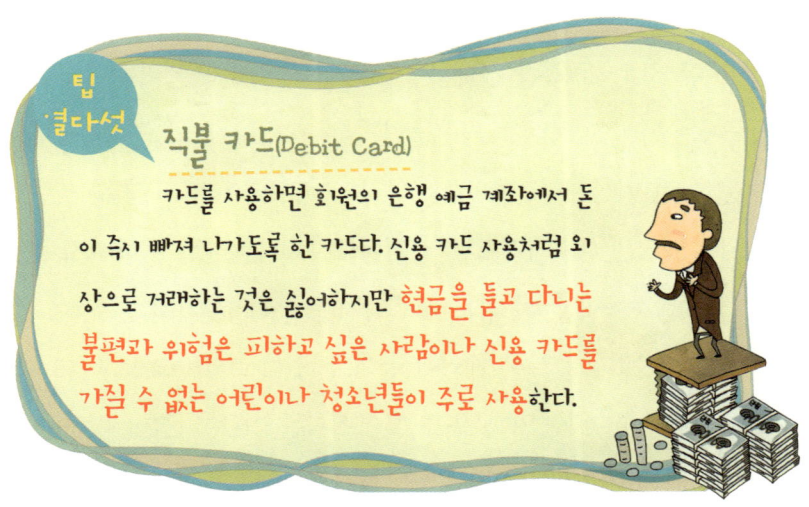

팁 열다섯

직불 카드(Debit Card)

카드를 사용하면 회원의 은행 예금 계좌에서 돈이 즉시 빠져 나가도록 한 카드다. 신용 카드 사용처럼 외상으로 거래하는 것은 싫어하지만 현금을 들고 다니는 불편과 위험은 피하고 싶은 사람이나 신용 카드를 가질 수 없는 어린이나 청소년들이 주로 사용한다.

돈보다 중요한 신용

2009년 3월 남아메리카 남쪽에 위치한 에콰도르가 폭탄선언을 했어. 다른 나라에서 빌린 돈의 이자를 줄 수 없다고 한 거야. 에콰도르는 2008년 12월에도 이런 선언을 했단다.

에콰도르는 다른 나라에 약 100억 달러의 빚을 지고 있었어. 그런데 새로 선출된 대통령은 이전 정부에서 돈을 빌리면서 지나치게 높은 이자를 주기로 한 것은 정당한 거래가 아니었으므로 이자를 줄 수 없다고 한 거야.

에콰도르가 억지 이유를 대며 이자를 못 주겠다고 한 것은 사실은 돈이 없었기 때문이야. 에콰도르가 벌어들이는 돈 가운데 가장 큰 몫은 원유 수출로 버는 돈인데, 2008년 경제 위기로 국제 유가가 폭락하면서 원유 수출로 벌어들이는 돈이 엄청나게 줄어들었거든.

보통 이런 비상시를 대비해서 나라의 비상금이라고 할 수 있는 외환 보유고를 가지고 있는데, 에콰도르의 외환 보유고는 별로 두둑하지 못했단다. 그래서 이자를 지불할 돈이 없으니까 억지를 부려 본 거지.

설사 돈을 빌리기로 한 계약에 문제가 있다고 하더라도 다른 나라와의 약속을 어기는 일은 나라의 신용을 떨어뜨리는 아주 위험한 짓이야. 이런 일을 저지르게 되면 믿음이 가지 않는 나라가 되어 국가 신용 등급이 내려간단다.

국가 신용 등급이란, 나라의 신용을 평가해서 매긴 신용 성적표야.

스탠다드앤드푸어스나 무디스Moodys와 같은 국제 신용 평가 기관에서는 나라가 외국에 진 빚의 규모, 정부의 살림살이 상태, 경제 성장률, 물가 등과 같은 경제 분야를 중점적으로 검토하고 정치·사회적인 면까지 종합적으로 평가해 세계 각국의 신용 등급을 매기지.

경제 상황이 좋아지고 정치·사회적으로 안정을 찾으면 국가 신용 등급이 올라가고, 반대일 때는 등급이 떨어지게 돼. 금융 기관들은 국가 신용 등급이 낮은 나라의 정부나 기업에는 돈을 빌려주지 않아.

친구들 사이에서 돈을 빌리고 갚지 않는 일이 잦아져서 신용이 없는 아이라는 소문이 나면 더 이상 돈을 빌려준다는 사람이 없을 거야. 마찬가지로 신용을 잃어버린 에콰도르 정부나 금융 기관도 다른 나라에서 돈을 빌릴 수 없게 됐어.

보통 기업들이 생산에 필요한 공장을 짓거나 기계를 사는 경우에 가진 돈이 부족하면 우선 돈을 빌려서 쓰고 물건을 만들어 팔아 돈을 마련한 뒤에 갚는단다. 그런데 에콰도르는 이런 일이 어려워졌으니 경제 활동이 위축되고 경제 성장은 더욱 힘들어지게 되었어.

나라뿐만 아리라 개인도 비상금이 두둑해야 위기를 잘 헤쳐 나갈 수 있어. 그러니까 용돈이 생기는 대로 몽땅 써 버리지 말고 나중을 위해서 저축해 두는 습관을 들여야 하는 거야.

또 어떤 거래를 한 뒤에 억지를 쓰면서 이를 지키지 못하겠다고 하면 믿을 수 없는 사람이 되어 버린단다. 그러니까 약속을 할 때는 신중하게 따져 보고 해야 되고, 일단 이루어진 약속은 손해라는 생각이 들어도 꼭 지켜야 해.

외국인이 사용하는 돈은 달라요

상하이의 한 음식점에서 음식을 주문하는데 중국어로 된 메뉴판을 보니까 도무지 무슨 음식인지 알 수 없는 거야. 영어로 된 메뉴판이 없느냐고 물어보았지. 그런데 영어로 된 메뉴판의 음식 가격이 중국어로 된 음식의 가격보다 전체적으로 비싸다는 느낌이 들었어.

처음에는 음식 종류가 다르다고 생각했는데 나중에 같은 음식을 주문했던 중국인보다 비싼 값을 치른 것을 알고 황당했단다. 영어 메뉴판에는 음식 가격을 비싸게 표시해서 외국인에게 바가지를 씌운 거지.

그런데 쿠바에서는 아예 자기 나라 사람들과 외국인들이 사용하는 돈의 종류를 달리해서 외국인에게 바가지를 씌웠어. 쿠바 돈의 단위는 페소인데 1994년부터 쿠바 사람들은 페소 쿠바노Peso Cubano: CUP라는 돈을 사용하고, 외국인은 페소 콘베르티블레Peso Convertible: CUC라는 돈을 사용하게 했어.

외국인이 사용하는 1CUC는 24CUP에 해당했지. 외국인들은 쿠바에 오

　면 공항 환전소에서 CUC로 바꾸었고, 외국인들이 주로 사용하는 호텔, 레스토랑, 슈퍼마켓에서는 CUC만 받았어.

　그래서 외국인들은 쿠바 사람들보다 최소한 5배는 비싼 가격을 치르며 여행했단다. 눈치 빠른 외국인 중에는 CUC를 CUP로 바꾸어서 길거리나 쿠바 사람들이 이용하는 음식점에서 아주 저렴한 비용으로 식사도 하고 대중 교통 수단을 이용했지.

　쿠바 정부는 두 종류의 화폐를 사용했던 제도를 2021년부터 경제 발전을 위해 폐지한다고 발표했어. 이러한 조치가 정말 쿠바 경제를 살릴 수 있을지 지켜보기로 하자.

검은돈 소탕 작전

2001년 9월 11일, 텔레비전을 통해 몇 대의 비행기가 뉴욕의 세계 무역 센터와 워싱턴에 있는 국방부 건물인 펜타곤에 부딪치고 건물이 무너져 내리는 장면이 방영되었지.

뉴스로 이 장면을 보았던 사람들은 처음에는 컴퓨터 그래픽으로 만들어진 영상이라고 생각했어. 그러나 이것이 실제 장면을 그대로 보여 준 것이라는 걸 알았을 때 모두가 놀라움을 금할 수 없었어.

이 사건이 있은 뒤 세계 여러 나라 은행들은 팔을 걷어 부치고 검은돈 소탕 작전에 들어갔단다.

검은돈이 무엇이냐고? 범죄나 마약과 관련된 돈, 기업이 불법적으로 모은 돈 또는 뇌물로 받은 돈 등 비정상적인 거래와 관련된 돈을 검은돈이라고 한단다. 이런 돈을 깨끗한 돈으로 위장하는 것을 돈세탁이라고 해.

이 말은 1920년대 미국에서 알 카포네 같은 조직 범죄자들이 도박이나 불법 주류 판매로 얻은 돈을 합법적인 소득인 것처럼 보이게 하려고 세탁소를 이용했던 것에서 유래되었지.

돈세탁은 검은돈이 어떻게 마련되었는지 알 수 없도록 다른 사람의 계좌에 예금을 했다가 또 다른 계좌로 여러 번 복잡하게 옮겨. 중간중간에 현금으로 찾기도 해서 그 돈이 어디에서 나왔는지 추적을 못 하게 하는 거야. 때로는 다른 나라를 넘나들며 돈세탁이 이루어지기도 하지.

검은돈은 정상적인 경제 질서를 어지럽히고 범죄와 관련이 되어 있어서 우리나라뿐만 아니라 세계 모든 나라가 돈세탁을 뿌리 뽑으려고 노력하고 있어. 특히 9.11 테러 사건 이후 돈세탁을 감시하는 제도가 한층 강화되었어.

대부분 나라의 금융 기관은 의심이 가는 돈거래가 있으면 즉시 돈세탁 방지를 담당하는 기관에 이를 보고하고 있단다. 왜냐하면 테러를 준비하는 데 필요한 검은돈을 뿌리 뽑는 것이 테러를 방지하는 가장 효과적인 방법이기 때문이지.

오마하의 현인

2005년 가을 미국 네브라스카 주의 작은 도시 오마하의 한 식당에 마음씨 좋게 보이는 할아버지가 중년 여인과 함께 오셨어. 할아버지는 스테이크와 콜라를 주문하셨지. 그리고 야구 선수 복장을 한 개구쟁이 마이클이 스테이크를 먹으며 콜라를 마시는 모습을 보고 이렇게 말씀하셨단다.

"나랑 좋아하는 것이 같구나. 스테이크와 콜라 그리고 야구."

마이클은 신이 나서 떠들었지.

"맞아요. 내가 닮고 싶은 워렌 버핏 할아버지가 스테이크와 콜라, 야구를 좋아하거든요. 난 무엇이든 할아버지를 따라 해서 할아버지처럼 부자가 될 거예요."

"몇 살이니?"

"열한 살입니다."

"워렌 버핏을 따라 한다면 지금쯤 너도 주식을 가지고 있겠구나."

마이클이 무슨 말인지 몰라 어리둥절해하니까 할아버지께서 말씀하셨어.

"워렌 버핏는 여덟 살부터 주식 공부를 시작했고, 열한 살에 처음으로 주식 투자를 했지. 처음에 '시티서비스'라는 회사 주식 3주를 한 주당 38달러에 샀단다. 사고 난 뒤 27달러까지 떨어져서 아주 낙심을 했대. 다행히 주식 가격은 다시 올랐단다. 그래서 40달러까지 올라가자 얼른 팔았는데, 글쎄 이 주식이 200달러까지 올랐다는구나. 그때 좋은 주식은 올랐다고 금방 팔지 말고 장기간 투자하는 것이 낫다는 사실을 깨달았대."

"계속 오를 수 있는 주식을 찾아내 오래 투자하는 것이 비결이네요. 저도 그렇게 할 거예요. 그런데 할아버지께서는 워렌 버핏에 대해 아주 잘 알고 계시네요."

"하하. 내가 바로 워렌 버핏이거든."

마이클은 눈이 휘둥그레졌어. 여느 할아버지들과 다름없이 수수하게 차려입고 동네 스테이크 하우스에서 식사를 하는 할아버지가 세계에서 두 번째 부자로 뽑힌 사람이라니!

워렌 버핏은 2000년대 미국의 경제 전문지 〈포브스〉가 매년 발표하는 세계 부자 명단에서 매년 5위 안에 들었던 사람이야. 부자가 된 것은 주식 투자를 잘했기 때문이지.

그는 1965년에 버크셔 해서웨이라는 회사를 사들여 투자 회사로 바꾸었어. 그리고 잘 알고 있는 좋은 회사 주식을 사들여 오랫동안 팔지 않고 가지고 있었단다. 그가 투자했던 대표적인 회사는 코카콜라·질레트·아메리칸 익스프레스·페덱스 등으로 모두 사람들이 잘 알고 있는 회사들이지.

그의 별명은 '오마하의 현인'이야. 오마하는 그가 사는 도시의 이름이고 현인賢人이란 어질고 총명한 사람이라는 뜻이야.

재산이 400억 달러가 넘는 부자니까 궁전처럼 으리으리한 집에서 살 것

같지? 천만에. 그는 자기 회사에 투자한 사람들에게 돈을 벌게 해 주려고 노력하다 보니 회사 가치가 올라가서 자기도 부자가 되었다고 생각하는 겸손한 사람이야. 부자가 된 뒤에도 크고 근사한 집으로 이사하지 않고 예전부터 살았던 오마하의 작은 집에서 계속 살고 있단다.

워렌 버핏과 함께 식당에 왔던 중년 여인은 그의 딸 수지 여사야. 수지 여사는 열여섯 살 때부터 시간제 아르바이트를 하며 용돈을 벌었고, 대학 졸업 전에 취직이 되었을 때 혹시 나중에 직장을 구하지 못할까 봐 졸업도 하지 않고 일하기 시작했단다.

둘째 아들 피터도 신문에서 아버지에 대한 기사를 보고서 그의 아버지가 엄청난 부자라는 것을 알았다고 해. 그는 늘 자녀들에게 대가에 관계없이 자신이 좋아하는 일을 하라고 말했대.

2006년 워렌 버핏은 세계 사람들이 깜짝 놀랄 발표를 했어. 그가 가진 주식의 83퍼센트를 자선 단체에 기부한다고 했거든. 그가 주식을 가장 많이 기부하기로 정한 곳은 마이크로소프트사의 회장이었고 세계 최고의 부자였던 빌 게이츠와 그의 아내가 운영하는 '빌 앤드 멜린다 재단'이었어.

젊은 빌 게이츠가 자신보다 오래 살면서 적절하게 돈을 쓰며 재단을 잘 꾸려 나갈 거라고 판단하고 그런 결정을 내렸다는 거야. 그의 자녀들은 아버지의 결정에 박수를 보냈다는구나.

아마도 돈과 관련된 이야기가 나올 때마다 워렌 버핏의 이야기는 입에 오르내리게 되어 먼 훗날까지 그의 이름이 전해질 거야.

참, 워렌 버핏이 투자를 할 회사를 고를 때 살펴보았던 점 한 가지를 알려 줄게. 그는 회사를 경영하는 CEO, 즉 최고 경영자의 자질을 중요하게 생각했다고 해. 그가 좋아했던 CEO들은 모두 책 읽기를 즐겨하는 독서광이었단다.

책 속에 길이 있고 책 속에 구하고자 하는 답이 들어 있다고 하지? 유능한 CEO들은 책을 읽으며 가야 할 길을 찾았고, 책을 읽으며 경영에 필요한 지혜를 얻었단다. 무슨 말인지 모르겠다고? 그럼 우선 좋은 책을 많이 읽어 봐. 아마 스스로 깨우치게 될 거야.

팁 쉰여섯 주식

주식은 회사에 대한 투자를 증명해 주는 표시다. 회사를 만드는 데 필요한 돈을 주식을 발행하고 이를 여러 사람이나 단체에 팔아서 마련하는데, 이러한 회사를 주식회사라고 한다.

오세아니아 이야기

오세아니아는 오스트레일리아와 뉴질랜드를 포함해서 남태평양 바다 위에 흩어진 수많은 섬으로 이루어진 대륙이지.
이곳에 유럽 사람들이 살기 시작한 시기는 17세기부터였어. 오스트레일리아와 뉴질랜드는 인구의 4분의 3이 영국에서 이민 온 사람들의 후손이란다. 수많은 작은 섬나라들은 유럽과 미국의 식민지로 있다가 1962년 서사모아 독립을 시작으로 지속적으로 독립 국가가 되었어.
오스트레일리아 달러화는 세계에서 남녀평등 정신이 가장 잘 나타난 화폐라는 영예를 안고 있어. 화폐는 여성과 남성이 함께 주인공이거든.
경제 규모가 크지 않은 작은 섬나라 중에는 자기 나라 화폐를 만드는 대신 오스트레일리아 달러화나 미국 달러화를 사용하는 나라가 제법 된단다.

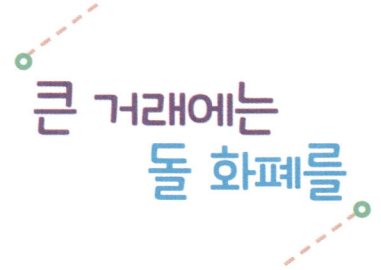
큰 거래에는 돌 화폐를

　네 개의 섬이 연방을 이루고 있는 미크로네시아는 1990년 미국으로부터 독립한 나라야. 이 나라에서 가장 큰 섬인 야프섬에서 일상생활에 필요한 물건을 사고팔 때 사용되는 돈은 미국 달러화야. 하지만 아직도 집이나 땅을 사고파는 것과 같은 큰 거래에서는 '야프'라는 돌로 만든 화폐가 사용되고 있단다.

　'야프'는 멀리 떨어진 섬에서 구할 수 있는 돌을 이용해 만들었어. 대부분 400킬로미터 떨어진 팔라우섬에서 가져온 흰 석회암을 이용해 도넛처럼 모양을 만든 뒤 사용했지. 지름이 7센티미터인 자그마한 '야프'도 있지만 가장 큰 돈은 지름이 약 4미터이고 무게가 무려 5톤이나 된단다.

　이 돈은 가운데 뚫린 구멍에 긴 막대를 끼운 뒤 스무 명이나 되는 사람이 함께 들어야 옮길 수 있단다. 이렇게 운반이 힘들면 사용하는 데 무척 불편하겠다고? 하하, 그런 걱정은 하지 않아도 돼. 아주 커다란 '야프'로 거래를 할 때는 이를 들고 가서 주고받는 것이 아니라 돈은 그 자리에 두고 주인이 바뀌었다는 것만 서로 알려 주거든.

　'야프'의 가치는 크기와 돈으로 사용되었던 기간에 따라 결정된단다. 이곳 주민들이 팔라우섬에서 석회암을 운반해 올 때는 카누가 이용되었는데 돌이 무거우면 카누가 바다에 가라앉을 수 있으니까 그런 염려가 없을 정도의 크기를 가진 돌만 운반할 수 있었어.

19세기 한 아일랜드 사람이 해삼이나 코프라를 구하려고 그동안 사용되는 것보다 훨씬 커다란 석회암을 배에 싣고 팔라우섬으로 왔단다. 하지만 이 '야프'는 크기는 하지만 예전에 만들어진 '야프'보다 가치가 떨어진단다. 그러니까 '야프'의 가치를 정할 때는 크기보다는 사용된 기간이 더 중요한 거지.

이 섬에서 사용되는 '야프'는 약 6,800개인데, 돌 화폐는 야프섬의 물가를 안정시키는 데 아주 중요한 역할을 해. 세계 대전 이후의 독일처럼 나라의 경제 규모는 커지지 않는데 화폐량이 늘어나면 물가가 올라간다는 사실을

기억하지? 그런데 이제는 더 이상 '야프'를 만들지 않으므로 돌 화폐량은 늘어나지 않아. 덕분에 이 나라에서는 지나치게 많은 화폐 발행으로 물가가 올라가는 일은 없을 거야.

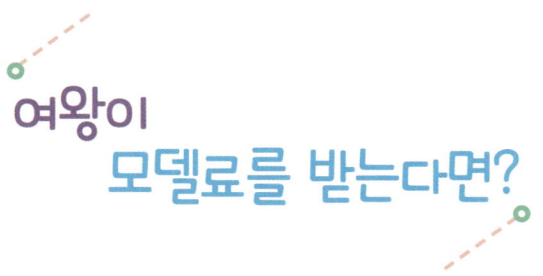
여왕이 모델료를 받는다면?

"야, 신난다. 내가 제일 좋아하는 동전이다."
아버지께서 오스트레일리아와 뉴질랜드 출장에서 돌아온 날, 동전이 가득 든 지갑을 받아 든 수민이는 좋아서 어쩔 줄 몰랐어. 수민이의 취미는 여러 나라의 화폐를 수집하는 거야.
"음, 이건 오스트레일리아 동전, 이건 뉴질랜드 동전. 그런데 왜 동전에 모두 엘리자베스 2세의 초상이 새겨져 있지? 엘리자베스 2세는 영국 여왕인데."
수민이가 고개를 갸우뚱하자 아버지께서는 오스트레일리아 5달러 지폐와 뉴질랜드 20달러 지폐를 꺼내 보여 주셨어. 두 지폐의 초상도 모두 엘리자베스 2세였어.

지금은 미국이 세계에서 가장 영향력이 큰 나라지만 제2차 세계 대전 이전에는 영국이 세계에서 가장 힘이 센 나라였어. 영국은 '해가 지지 않는 나

엘리자베스 여왕 초상이 담긴
여러 나라의 다양한 화폐

라'라고 불릴 만큼 세계 곳곳에 식민지를 갖고 있는 강대국이었지. 1952년 엘리자베스 2세 여왕이 즉위할 당시에도 영국은 50개국 이상의 식민지를 거느리고 있었단다.

지금 그 식민지들은 독립을 했지만 영국 연방을 구성해서 특별한 관계를 유지하고 있어. 이들 나라 중에는 오스트레일리아와 뉴질랜드뿐만 아니라 캐나다·투발루·파푸아뉴기니·솔로몬 제도와 카리브해 연안의 작은 섬나라 등 자기 나라 화폐 도안으로 영국 여왕의 초상을 사용하는 나라가 15개국이나 된단다. 이런 나라들의 국가 원수는 영국 국왕이고, 영국 국왕에 의해 임명된 총독이 실질적인 국가 지도자 역할을 하는 입헌 군주 국가야.

만약 이런 나라들로부터 모델료를 받는다면 엘리자베스 2세 여왕은 세계에서 가장 많은 모델료를 받는 사람이 될 거야.

동전 테두리에 왜 무늬를 넣었을까?

수민이는 오스트레일리아와 뉴질랜드 동전을 종류별로 찬찬히 살펴보았어. 오스트레일리아 50센트짜리 동전을 빼고 모두 동전의 테두리에 톱니무늬가 있는 거야.

"다른 동전에도 톱니가 있나?"

갑자기 궁금증이 생겨서 그동안 모은 동전들을 모두 꺼내 보았지. 한국의 10원 동전, 영국의 1페니 동전, 일본의 1엔 동전, 미국의 1센트 동전처럼 돈의 단위가 작은 동전들은 톱니가 없는 것이 많았어. 그런데 한국의 500원 동전, 영국의 1파운드 동전, 일본의 100엔 동전, 미국의 50센트 동전처럼 돈의 단위가 큰 동전들은 톱니가 있는 경우가 대부분이었단다.

왜 많은 나라에서 동전 테두리에 톱니무늬를 넣은 걸까?

톱니는 위조 동전을 가려내기 위해 만들어지기 시작했어. 옛날에는 금이나 은을 화폐로 사용했어. 그런데 금화나 은화의 테두리를 몰래 조금씩 깎아 내어 이득을 보려는 나쁜 마음을 가진 사람들이 있었어. 이를 막기 위한 방법으로 금화나 은화의 테두리에 톱니를 만들기 시작했단다. 이렇게 하면 사람들이 톱니가 없는 돈은 받지 않게 되기 때문에 가장자리를 깎아 내는 얌체 짓을 막는 데 효과가 있었거든.

요즘은 사용되는 동전의 테두리를 깎아서 이득을 챙기려는 사람은 없지만 이런 전통이 그대로 전해져 아직도 동전을 만들 때 톱니무늬를 넣고 있단다.

지폐에 새긴 남녀평등 사상

18세기 후반, 산업 혁명으로 영국의 상공업자들은 부자가 되었고, 새로운 귀족 계급으로 신분을 높일 수 있었어. 하지만 기계가 들어오자 일자리를 잃고 전보다 더 비참한 생활을 하게 된 사람도 많았어. 굶주림을 이기지 못하고 빵을 훔치거나 추위에 떨다가 옷가지를 훔치는 사람도 있었지.

영국 정부는 죄를 지은 사람들을 감옥에 보내는 대신 한번 가면 다시는 돌아오기 힘든 섬으로 보내기로 결정했단다.

그리하여 필립 총독은 11척의 배에 1천5백 명의 사람을 태우고 오스트레일리아로 떠났어. 배에 탄 사람들 가운데 3분의 2는 죄수들이었지. 그들은 1788년 1월, 보타니만에 도착했고 낯선 곳에서의 거친 생활을 시작했어.

영국 정부로부터 받았던 차별이 서러웠던 그들은 평등주의를 내세웠고, 이는 현재까지도 오스트레일리아를 지배하는 가장 중요한 사상이란다. 그래서 영국 여왕이 그려진 5달러 지폐를 제외하고 오스트레일리아의 지폐에는 다양한 직업을 가진 사람들이 등장해.

또 하나 재미있는 사실은 지폐의 어느 쪽이 앞면이고 뒷면인지 구분이 가지 않는다는 점이란다. 지폐의 양면에는 남성과 여성의 도안이 같은 비중으로 자리 잡고 있거든.

최고 금액인 오스트레일리아 100달러 지폐에는 전설적인 소프라노 가수 넬리 멜바와 군인이면서 엔지니어였던 존 모나쉬의 초상, 오스트레일리아 50달러 지폐에는 원주민 작가 데이비드 우나이폰과 최초의 여성 국회의원이었던 에디스 코완, 오스트레일리아 20달러 지폐에는 외딴 곳에 사는 사람들을 위해 세계 최초로 항공기를 이용한 의료 서비스를 실시한 존 프린 목사, 영국에서 이송된 죄수 출신의 사업가 메리 레이비, 오스트레일리아 10달러 지폐에는 시인 벤조 페터슨과 메리 길모어의 초상이 나란히 담겨 있지.

이 나라에서는 유럽과 미국을 제치고 세계 최초로 여성들이 그들의 권리

오스트레일리아의 10달러 화폐

를 주장하는 여권 운동이 일어났어. 여성에게 투표권이 주어진 것은 뉴질랜드에 비해 1년 정도 늦었지만 실질적으로 여성 참정권의 시대를 연 나라가 바로 오스트레일리아라고 할 수 있어. 이러한 남녀평등 사상이 지폐에 고스란히 나타난 셈이지.

미국 달러를 우리나라 돈으로 사용할래요

미크로네시아의 가장 서쪽에 있는 팔라우는 300여 개가 넘는 작은 섬으로 이루어진 나라야. 1994년에 미국으로부터 독립한, 인구가 3만 명도 안 되는 작은 독립 국가지. 이렇게 작은 나라도 자기 나라에서만 사용하는 돈을

따로 만들까?

　나라마다 모든 절차가 같은 것은 아니지만 돈을 만드는 과정을 간단히 알아보기로 하자. 우선 새 화폐를 발행하기 전에 국민들의 여론을 알아본 뒤 전문가들이 화폐 도안, 규격 등 기본 사항 등을 상의하지. 그리고 법에 따라 정부 승인을 받고 새 화폐의 디자인을 정한단다.

　화폐의 기본 사항이 결정되면 돈을 인쇄하는 곳에 인쇄를 부탁해. 새 화폐를 만들려면 새로운 인쇄판을 제작하는 등 여러 준비 과정을 거친 뒤 실제 화폐를 인쇄하게 되지.

　화폐를 인쇄하는 일은 정교한 기술이 요구되는 일이라 이런 기술을 가진 나라는 한국을 비롯해서 세계에서 20여 개 나라 정도밖에 되지 않아. 그래서 기술을 가지고 있지 못한 나라는 다른 나라에 화폐 인쇄를 부탁해야만 된단다. 제법 복잡하지?

팔라우 사람들은 이런 복잡한 절차를 거쳐 자기 나라 돈을 따로 만드는 것보다 차라리 미국 달러화를 그냥 사용하는 편이 낫다는 판단을 내렸어. 그래서 독립한 이후에도 팔라우에서는 자기 나라 화폐를 만들지 않고 미국 달러화를 그냥 사용하고 있단다.

팔라우뿐만 아니라 미국의 지배를 받다가 1990년 이후에 독립한 작은 섬나라 미크로네시아와 마셜에서도 마찬가지 이유로 미국 달러화를 그냥 사용하고 있어. 또 오스트레일리아의 영향력이 강한 나우루나 키리바시, 투발루에서는 오스트레일리아 달러화를 사용하지.

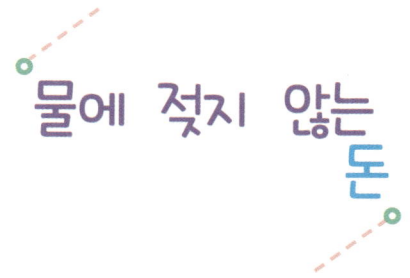

물에 젖지 않는 돈

"내 정신 좀 봐. 주머니 속에 돈이 들어 있는데 바지를 그냥 물속에 담가 버렸네."

다행히 빨래를 비비기 전이라 주머니 속의 지폐들은 물기가 마르면 사용하는 데 문제가 없을 정도였어. 엄마는 안도의 숨을 내쉬었지.

"휴, 다행이다. 물속에 넣어도 젖지 않는 돈이 있었으면 참 좋겠다."

빨래하기 전에 주머니 속 점검을 할 생각은 하지 않고 물에 젖지 않는 돈 타령을 하다니! 아무래도 내가 조심성이 모자란 것은 엄마를 닮았기 때문인가 봐.

면섬유는 촉감이 부드러우면서도 질기고 때가 잘 타지 않아 쉽게 더러워지지 않아. 또 잉크가 잘 스며들어 인쇄하기에 적당해. 그래서 지폐의 원료로 가장 많이 사용되는 것은 면섬유야.

우리나라를 비롯한 많은 나라에서는 면 100퍼센트의 종이를 사용해 지폐를 만들어. 미국과 영국처럼 면에 린넨을 섞은 종이를 사용하는 경우도 있고, 일본처럼 면에 삼 펄프를 섞은 종이를 사용하기도 해.

그런데 잉크가 잘 스며드는 성질은 다른 액체도 쉽게 스며들어 가게 해. 그래서 지폐를 물속에 넣으면 금방 젖고 실수로 빨래와 함께 비눗물로 심하게 비벼 대면 인쇄한 것이 벗겨져 돈을 사용할 수 없게 되지.

그런데 물속에 넣어도 문제없는 돈이 있단다. 바로 폴리머라는 특수한 플라스틱 소재로 만든 폴리머 노트 Polymer Note 라는 돈이야. 플라스틱은 물에 넣어도 젖지 않으니까 폴리머 노트는 물속에 넣어도 젖지 않는 거야.

폴리머로 돈을 만드는 방법은 1988년 오스트레일리아에서 개발되었는데, 세계 최초의 폴리머 노트는 1991년 파푸아뉴기니에서 발행되었어. 이 돈은 돈을 만드는 기술이 없는 파푸아뉴기니의 부탁을 받고 오스트레일리아에서 만든 거란다.

오스트레일리아에서는 1992년부터 폴리머 노트를 발행하기 시작했어. 폴리머 노트를 만드는 데 필요한 비용은 일반 지폐보다 높지만 면섬유로 만든 돈보다 수명이 4배나 길어서 전체 사용 기간으로 따져 보면 오히려 비용이 저렴해. 또 폴리머는 일반 사람들이 만들 수 없는 재질이므로 위조지폐를 방지하는 데 효과적이야. 그러나 한번 접히면 잘 펴지지 않고 열에 약하다는 단점도 있지.

현재는 오스트레일리아와 파푸아뉴기니뿐만 아니라 뉴질랜드 · 인도네시아 · 말레이시아 · 싱가포르 · 멕시코 · 네팔 · 타이 · 브루나이 · 루마니아 · 쿠웨이트 등 20여 개국에서 폴리머 노트가 발행되고 있어.

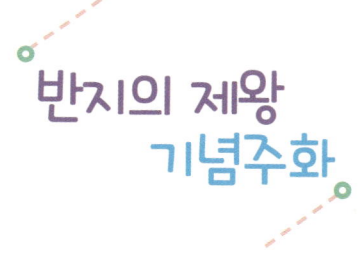

반지의 제왕 기념주화

《반지의 제왕》은 절대반지를 놓고 호빗족의 프로도 배긴스를 비롯한 여러 종족이 힘을 합쳐 사우론이 이끄는 악의 세력과 벌이는 투쟁을 그린 소설이야.

이 책은 1954년 출간된 이래 전 세계에서 1억 권 이상이 팔린 베스트셀러였어. 그래서 뉴질랜드 출신의 감독 피터 잭슨은 이 소설을 바탕으로 3부작 영화를 만들기로 했어. 촬영지로는 그의 고향이었던 웰링턴을 비롯해 뉴질랜드 남섬과 북섬에 있는 원시적인 자연을 그대로 간직한 지역으로 정했지.

　반지의 제왕 시리즈 가운데 1편이었던 '반지 원정대'는 2001년 12월 미국과 영국에서 동시 개봉된 뒤, 연이어 전 세계에서 상영되었어. 영화를 본 관객들은 영화 촬영지에 가 보고 싶다는 충동을 느꼈어. 짙푸른 숲과 넓은 초원, 푸른 호수 등 사람들은 뉴질랜드의 자연에 매료되었지.

　1년 간격으로 시리즈 2편 '두 개의 탑'과 3편 '왕의 귀환'이 상영된 이후 촬영 현장을 직접 보고 싶어 하는 관광객들이 뉴질랜드로 몰려들었단다. 뿐만 아니라 뉴질랜드는 영화의 촬영지로 떠오르게 되어 즐거운 비명을 질렀단다.

2003년 뉴질랜드 민트국에서는 반지의 제왕 시리즈의 감동을 잊지 못하는 사람들을 위해 반지의 제왕 기념주화를 만들기로 했어. 그래서 '절대반지'의 아름다운 모습이 입체적으로 들어간 기념주화가 만들어졌단다.

기념주화는 큰 행사나 역사적 사건을 기념하기 위해 특별히 만들어지는 주화야. 유통이 목적이 아니라 사람들이 기념으로 지닐 목적으로 만들어지는 것이므로 색상이 아름답고 변하지 않는 금·은·백금 등으로 만들지. 특별한 시기에 적은 양을 만들기 때문에 아주 귀한 대접을 받지.

어떤 행사를 치르는 데 필요한 돈을 마련하려고 기념주화를 발행하는 경우도 있어. 올림픽 기념주화나 월드컵 기념주화는 세계적으로 대회를 널리 알리고, 운영에 필요한 돈을 모으기 위해서 발행되지. 그래서 이런 주화는 액면 금액보다 비싼 값으로 파는 경우가 대부분이야. 1988년 서울올림픽을 기해서 발행되었던 기념주화도 만 원짜리 은화를 2만 8천 원에 팔았고, 5만 원짜리 금화는 무려 77만 원에 팔았단다.

올림픽 기념주화나 월드컵 기념주화 등 기념주화를 주고 물건을 살 수 있을까? 물론 살 수 있지. 기념주화도 일반 동전과 똑같은 역할을 하는 돈이거든. 그러나 실제로 물건을 사고팔 때 기념주화를 사용하는 사람은 없어. 기념주화는 지불 수단으로 사용되기보다는 하나의 상품으로 거래되기 때문이지.

기념주화는 주화에 적혀진 액면 가치보다 상품으로 팔았을 때의 가치가 더 높아. 그래서 1만 원 짜리 서울올림픽 기념주화를 옛날 돈이나 기념주화를 취급하는 가게에 가서 팔면 1만 원보다 훨씬 많은 돈을 받을 수 있단다.

우리 마을에는 지역 화폐가 있어요!

오스트레일리아의 북동부에 자리 잡은 멜라니는 인구 5천 명도 안 되는 작은 도시야. 한여름에 맞이하는 크리스마스라 흰 눈을 맞으며 아기 예수의 탄생을 축하하는 일은 꿈도 꿀 수 없어. 화이트 크리스마스는 기대할 수 없어도 크리스마스 파티 준비를 위해 '멜라니 크리스마스 마켓'을 찾는 사람들의 발걸음은 흥겹기만 해.

"메리 크리스마스!"

가게에 온 손님들은 서로 인사를 하느라 부산스러워. 작은 도시라 대부분 주민들의 얼굴이 낯설지 않지만 이곳에 오는 손님들은 특별히 서로 잘 아는 사람들이야.

한바탕 인사를 나누고 손님들은 크리스마스 파티에 필요한 모든 물건이 진열된 가게 안을 찬찬히 돌아보며 물건을 고른단다. 이 가게에는 집에서 만든 장식품, 직접 구운 빵, 폐품을 이용해 만든 인형과 쿠션 등 다른 가게에서 볼 수 없는 아기자기한 물건들이 아주 많아.

그런데 참 이상하지. 가게에서 물건을 가져가면서 누구도 돈을 내지 않는 거야. 그렇다고 이곳 물건이 공짜인 것은 아니고. 사실은 오스트레일리아 달러 말고 이곳 주민 일부가 사용하는 지역 화폐로 물건을 산 거란다.

지역 화폐는 돈을 대신해 회원들 사이에서 물건이나 서비스를 거래할 때 사용하는 거란다. 예를 들면 아기를 돌봐주거나, 환자의 말벗이 되어 주거나, 공부를 가르쳐 주면 지역 화폐가 통장에 쌓이고, 이를 사용해 회원이 운영하는 가게에서 빵이나 물건을 사거나 머리 손질을 받는 등 필요한 서비스를 받는 거야. 그래서 멜라니에서는 돈이 없어도 살 수 있단다.

지역 화폐 운동은 예전 우리 조상들이 했던 품앗이가 더욱 발전한 거라고 보면 돼. 이 운동이 벌어진 뒤 주민들은 자기 개발에 더욱 관심을 갖게 되었고, 이웃 사람들과의 교류도 활발해졌다고 해.

지역 화폐는 1989년 캐나다 벤쿠버의 코목스 밸리에서 처음 사용되었는데, 바로 영국·오스트레일리아·뉴질랜드에도 알려졌어. 멜라니는 오스트레일리아에서 지역 화폐가 가장 먼저 사용된 곳이야. 현재 지역 화폐는 한국의 대전을 비롯해 여러 나라의 많은 지역에서 사용되고 있단다.

부자가 되는 비밀 한 가지

　미국의 〈포브스〉 잡지는 해마다 세계 부자들의 순위를 발표하는 일을 하고 있어. 〈포브스〉 잡지에 의하면 2010년 오세아니아 대륙의 가장 큰 부자는 그레이엄 하트라고 해. 그의 재산은 53억 미국 달러야. 우리 돈으로 환산하면 6조 2천억 원 정도야. 한국 제일의 부자보다 재산이 1.5배 많다고 하니 어마어마하지?

　55세 나이에 그런 부자라고 하니 틀림없이 부모로부터 큰 기업을 물려받은 재벌 2세일 거라고? 천만에, 그레이엄 하트는 오클랜드에서 고등학교를 중도에 그만두고 15세 때 자동차 정비 공장에서 일하기 시작했대. 그리고 다음 해 견인차 운전기사로 직업을 바꾸어 계속 일을 했단다.

　뉴질랜드는 국토는 넓은데 인구가 적기 때문에 대중교통이 발달하지 못해서 자가용이 가장 중요한 교통수단이야. 자가용 이용률이 높다 보니 차를 타고 달리다가 고장이 나서 견인차를 부르는 일이 자주 일어나. 견인차 이용 비용은 한국의 두 배가 넘을 정도로 비싸. 그래서 뉴질랜드의 견인차 운전기사들은 제법 많은 돈을 벌어.

　그레이엄 하트는 운전기사를 하면서 착실히 돈을 모은 뒤 운수 회사를 사들여 경영자로 변신했어. 그리고 학교 공부도 다시 시작했지. 경영 대학원을 졸업하면서 그가 쓴 논문은 자신의 기업 경영 전략에 대한 것이었단다.

1987년 대학원을 졸업하면서 투자 회사인 랭크 그룹을 만들고 인쇄업 쪽으로도 사업 영역을 넓혔대.

그 뒤 식품 회사 번스 필립, 뉴질랜드 최대 목재 제지 회사인 카터 홀트 하비, 종이 박스 제조 회사 에버그린 등을 인수해 오늘날과 같은 거대 그룹을 만들었어.

그는 종종 자신은 돈 버는 데는 큰 관심이 없다고 말하는 것으로 유명해. 자신은 오로지 좋아하는 일을 했을 뿐이고, 좋아하는 일을 하다 보니 돈이 따라왔다고 말이야. 그러고 보니 그가 경영하는 회사들은 첨단 산업 분야가 아니고 너희에게도 생소하지 않은 분야지?

많은 사람이 부자가 되는 비결을 알고 싶어 해. 그레이엄 하트는 자기가 좋아하는 일을 열심히 하면서 착실하게 돈을 모으고, 자신이 잘 알고 있는 분야에 투자를 하는 등 평범한 방법으로 부자가 되었어.

그렇다면 부자가 되는 비결은 특별한 것이 아니라 아주 평범한 일들을 착실하게 행동으로 옮기려는 의지와 실천력이 아닐까?

아프리카 이야기

아프리카 대륙은 현재도 원시생활을 하는 사람들이 있을 정도로 문명 발전이 뒤진 지역이야. 에티오피아를 제외한 아프리카 대륙의 모든 나라들은 유럽 강대국들의 식민지였다가 1960년 무렵부터 독립하기 시작했지.
세계적으로 가장 많이 사용되는 화폐 도안은 나라를 대표하는 사람들의 초상이지만 아프리카 나라들은 역사가 짧다 보니 특별히 내세울 만한 인물이 없어. 그래서 인물 대신 나라를 대표하는 동물이나 자연환경을 화폐 도안으로 택한 나라가 많아. 화폐에 그려진 이런 동물이나 자연환경은 아프리카가 자연 친화적인 대륙이라는 사실을 알림으로써 아프리카 관광에 대한 관심을 갖게 하는 데 한 몫을 담당하기도 한단다.

카르타고 사람들의 물물 교환

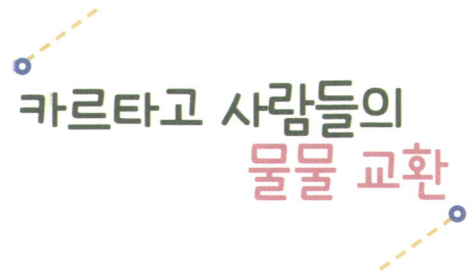

"음, 저기 커다란 나무 밑에 물건을 내려놓으면 좋겠군."

카르타고에서 배를 타고 온 상인들은 바닷가 마을에 레바논의 목재, 키프로스의 주석, 이베리아 반도의 납 등을 내려놓기 시작했어. 그리고 연기를 피워서 마을 사람들에게 자기들이 왔다는 신호를 보냈지.

카르타고는 기원전 814년에 페니키아 사람들이 북아프리카에 세웠던 도시야. 페니키아 사람들이 살았던 시리아 산맥과 지중해 사이의 땅이 좁아서 농사만으로는 충분한 식량을 얻을 수 없었어. 그래서 배를 타고 바다로 나아가 장사를 해서 부족함을 해결했단다.

페니키아 사람들 중에서도 카르타고에서 살았던 상인들이 장사를 잘하기로 유명했단다. 그들이 장사를 했던 때는 아직 돈이 만들어지기 전이었어. 그렇다면 물건값을 어떻게 받았을까?

카르타고 사람들이 싣고 온 물건을 내려놓고 연기를 피우면 육지에 살았던 사람들은 필요한 물건을 사러 바닷가 마을로 왔어. 그리고 필요한 물건을 가져가며 금을 놓아두었단다.

카르타고 사람들은 배에서 이 모습을 지켜보았지. 자기들이 원하는 양만큼 금이 놓여 있으면 금을 배에 싣고 다른 곳으로 떠났어.

하지만 금의 양이 부족하면 사람들이 금을 더 가져오거나 물건을 도로 갖다 놓을 때까지 떠나지 않고 계속 머물렀다고 해. 돈이 없었던 아주 오랜 옛날에는 자기가 쓰고 남은 물건과 필요한 물건을 서로 바꾸어 사용했어. 이렇게 물건과 물건을 바꾸는 것을 물물 교환이라고 해.

아프리카 돈의 주인공은 아프리카 동물들

꼭 해야 할 일을 미룬 채 만화 영화에 빠져 있다가 부모님에게 혼이 난 적이 있지? 사실은 말이야, 어른들도 어렸을 적에 모두 그런 경험이 있단다. 부모님 세대가 어렸을 때 즐겨 보았던 만화 영화 중에 '밀림의 왕자 레오'라는 만화 영화가 있어.

'아프리카 밀림은 동물의 왕국 / 땀 흘려 지켜 온 평화의 나라 / 여기에 용감한 밀림의 왕자 / 레오, 레오, 레오, 흰 사자 레오'

이 만화 영화의 주제곡 때문에 우리나라 사람들은 '아프리카' 하면 '동물의 왕국과 흰 사자 레오'를 떠올리지.

노랫말처럼 동물의 왕국인 아프리카에는 자기 나라를 대표하는 동물을 지폐의 도안으로 사용하는 나라가 많아.

그렇다면 지폐에 등장하는 동물 1위는 무엇일까?

밀림의 왕자인 사자일까? 아프리카에는 많은 동물이 살다 보니 각 나라를 대표하는 동물도 아주 다양해. 아프리카 지폐를 보면서 아프리카를 대표하는 동물이 무엇인지 알아보기로 하자.

아프리카 대륙 가장 남쪽에 위치한 남아프리카 공화국은 모든 화폐에 다양한 동물을 등장시킨 나라야. 남아프리카 공화국에서 사용되는 지폐는 다섯 종류인데, 10랜드에는 코뿔소·20랜드에는 코끼리·50랜드에는 사자·100랜드에는 물소·200랜드에는 표범 등 모든 지폐의 뒷면에 동물이 그려져 있지. 뿐만 아니라 동전의 도안도 영양·독수리·참새·백합·학 등 모두 동식물이야.

동물이 그려진 아프리카 화폐

    탄자니아의 다섯 종류 지폐 가운데 초대 대통령의 초상이 그려진 1천 실링과 초대 부통령이 그려진 500실링을 제외한 세 종류는 동물이 도안이란다. 2천 실링은 사자, 5천 실링은 코뿔소, 1만 실링은 코끼리가 도안의 주인공이야.
    아프리카 여러 나라가 인물의 초상 대신 동물을 많이 택하는 것은 역사가 짧아서 특별히 내세울 만한 인물이 없는 탓도 있어.

옛 프랑스 식민지가 사용하는 돈 세파 프랑

아프리카는 한국에서 지리적으로 먼 곳에 있을 뿐 아니라 정치·경제적인 유대 관계도 밀접하지 않아서 우리에게 잘 알려져 있지 않은 대륙이야. 그래서 유럽 여러 나라들이 같은 돈인 유로화를 사용함을 아는 사람들은 많지만 아프리카 서부와 중부에 위치한 14개 나라도 같은 돈을 사용한다는 사실을 아는 사람은 거의 없어.

베냉·부르키나파소·코트디부아르·기니비사우 공화국·말리·니제르·세네갈·토고 등 서부 아프리카의 8개국과 카메룬·중앙아프리카 공화국·콩고·가봉·적도 기니·차드 등 중부 아프리카의 6개국에서는 모두 세파 프랑이라는 돈을 사용하고 있어.

세파 프랑의 CFA는 아프리카 금융 공동체 African Financial Community라는 뜻이지. 14개 나라가 금융 공동체를 만들어 같은 돈을 사용하는 것을 보니 아프리카 사람들도 단결을 잘하는 것 같다고?

그건 아니야. 처음에 세파 프랑이 사용되었을 때의 CFA는 아프리카의 프랑스 식민지 Communauté Française d'Afrique를 뜻하는 말이었거든. 이들 나라 가운데 나중에 세파 프랑을 사용하게 된 기니비사우 공화국과 적도 기니를 제외한 모든 나라는 프랑스 식민지였단다.

165

1945년 12월, 프랑스는 프랑스령 아프리카 식민지에 새로운 화폐를 만들기로 결정했어. 그리고 1948년부터 이들 나라에서는 세파 프랑을 사용하게 되었지.

프랑스 정부는 원하는 경우 100세파 프랑당 1프랑스 프랑을 무조건 바꾸어 주기로 했단다.

이것은 세파 프랑의 실제 가치보다 높게 평가된 환율이야. 그러니까 이들 나라에서 생산되는 물건의 가격도 실제 가치보다 비싸게 매겨진 거나 마찬가지란다. 그래서 이들 나라의 물건을 사 주는 나라는 프랑스뿐이었어.

식민지의 물건을 실제 가치보다 비싸게 사는 것을 보면 프랑스 사람들은 정말 착하다는 생각이 들지?

사실은 딴 뜻이 있었던 거야. 이런 환율을 유지하면서 프랑스는 이들 나라가 다른 나라와 경제적 교류를 하는 것을 의도적으로 방해해 프랑스에 의존할 수밖에 없게 만든 거야.

그래야 독립 국가가 되더라도 경제적으로는 계속 프랑스의 식민지와 마찬가지인 상태가 유지되거든.

프랑스가 유로화를 사용하게 되면서 1유로는 655.957세파 프랑으로 세파 프랑은 유로화에 고정된 환율로 운영되고 있어.

그러니까 이들 나라의 경제를 지배하는 곳이 프랑스 정부에서 유럽 중앙은행으로 바뀐 셈이지.

프랑스 식민지 역사를 그대로 드러내는 통화인 세파 프랑은 서부 아프리카 국가 중앙은행과 중부 아프리카 국가 중앙은행 두 곳에서 발행하고 있어.

발행 은행은 달라도 돈의 가치는 똑같아.

그런데 동부 아프리카에서 발행한 돈은 서부 아프리카에서 사용할 수 있지만, 서부 아프리카에서 발행한 돈은 중부 아프리카에서는 사용할 수 없단다.

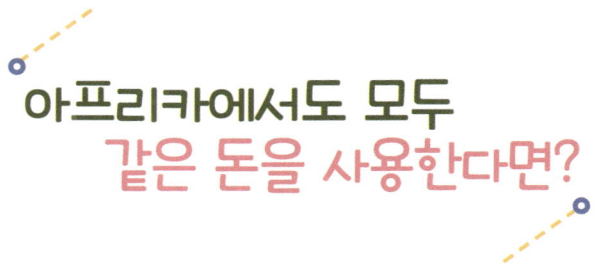

아프리카에서도 모두 같은 돈을 사용한다면?

아프리카 연합 African Union 은 모로코를 제외한 아프리카의 모든 나라들의 통치자들로 구성된 기구야. 본부는 에티오피아의 수도 아디스아바바에 있어.

이 기구는 아프리카에 사는 사람들의 인권 보호와 정치적인 민주화를 이루는 데 많은 공헌을 했단다.

아프리카는 예로부터 지구상에서 가장 가난하고 병든 사람이 많이 살고 있는 지역이야. 지금도 하루 1.90달러로 힘겹게 살아가는 사람들이 전체 아프리카 인구의 40퍼센트나 되지.

아프리카 연합에서는 이러한 경제적 빈곤을 벗어나는 방법을 찾아내려고 고심했어. 그리고 유럽 연합의 유로화처럼 아프리카도 화폐를 통일한다면 경제 발전에 도움이 될 거라는 판단을 내렸어.

아프리카의 주요 수출품은 천연자원이야. 지금은 사용하는 화폐가 다르니까 자원의 수출 가격도 조금씩 차이가 난단다. 하지만 하나의 화폐를 사용하게 되면 가격 비교가 쉬워져서 자원 가치의 차이가 점점 줄어들게 될 거야.

자원 가치에 대한 평가가 다시 이루어지면 모든 나라의 국내 총생산도 영향을 받게 되지. 이런 과정에서 경제에 대한 관심이 높아지고, 경쟁도 발생해서 경제 성장이 빨라질 거라고 추측해.

유로화의 사용이 유럽의 경제력을 강하게 만드는 데 효과가 있었다는 것이 확실해지면, 가까운 지역끼리 뭉쳐서 같은 화폐를 사용하자는 움직임은 점점 더 힘을 얻을 거야.

이런 움직임이 현실로 나타난다면 세계의 화폐 종류는 점점 줄어들 거라는 생각이 드는구나.

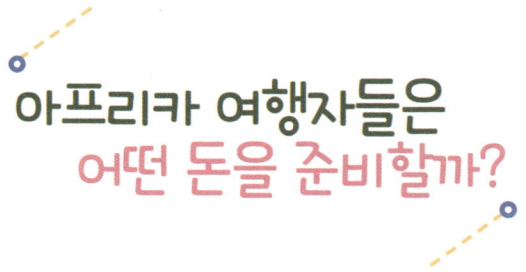

아프리카 여행자들은 어떤 돈을 준비할까?

아프리카 남부 서쪽 해안에 위치한 나미비아는 1990년에 이르러서야 독립을 이루었어. 과거 독일의 식민지였다가 1920년부터는 남아프리카 공화국의 통치를 받았지.

원주민 나마족 말로 '대평원'이라는 뜻을 지닌 나미비아는 국토 중앙에 해발 1,000~2,000미터의 거대한 고원이 자리 잡고 있고, 국토의 왼편은 나미브 사막, 오른쪽은 칼라하리 사막이 에워싸고 있는 나라야.

　우리는 사막이라는 말을 들으면 지글거리는 뜨거운 태양 아래 황량하기 그지없는 모래밭이 펼쳐진 모습을 떠올리게 돼. 사막은 마실 물도 없고 쉴 곳도 없는 버려진 땅이라고 생각하지.

　그런데 세상에서 가장 아름다운 사막으로 알려진 나미브 사막의 모습을 사진으로 본 사람들은 나미비아를 꼭 한번 가보고 싶다는 꿈을 꾸게 된단다.

　쪽빛 하늘 아래 피라미드를 닮은 붉은색의 모래 언덕이 빛과 그림자의 변화에 따라 연출하는 신비한 모습을 직접 확인하고 싶어지거든.

그래서 아프리카에서 가장 역사가 짧은 나라 나미비아에는 불편한 교통 사정도 아랑곳하지 않고 여행객들이 모여들고 있지.

나미비아에서 사용되는 돈은 1993년부터 나미비아 은행에서 발행하는 나미비아 달러야. 하지만 남아프리카공화국의 랜드화도 함께 사용되고 있어.

아프리카는 우리뿐만 아니라 다른 나라 사람들에게도 좀처럼 여행하기 힘든 지역이지. 그래서 아프리카 여행자들은 가장 인기 있는 여행지인 남아프리카 공화국과 나미비아뿐만 아니라 여러 나라를 둘러보는 긴 여정을 계획하고 오는 경우가 많아.

그런데 아프리카 이외의 대륙에서는 아프리카 돈을 바꿀 수 있는 곳이 거의 없어. 또 아프리카에는 신용 카드를 사용할 수 없는 곳도 많아. 그렇다면 아프리카 여행을 떠날 때는 어떤 돈을 준비해야 하는 걸까? 미국 달

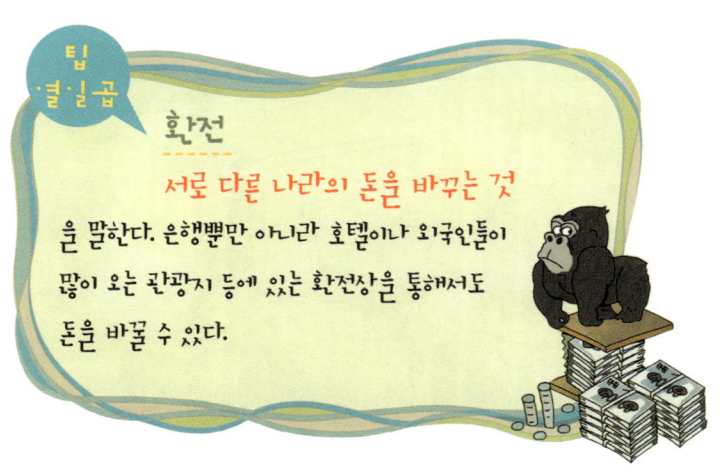

팁 열일곱

환전

서로 다른 나라의 돈을 바꾸는 것

을 말한다. 은행뿐만 아니라 호텔이나 외국인들이 많이 오는 관광지 등에 있는 환전상을 통해서도 돈을 바꿀 수 있다.

러화나 영국 파운드화, 유럽의 유로화 등 세계 어느 곳에서나 통용되는 화폐를 가져가서 현지에서 그 나라의 돈으로 바꾸어 사용하면 된단다. 아프리카뿐만 아니라 우리나라에서 통화를 바꿀 수 없는 나라를 여행할 때도 마찬가지야.

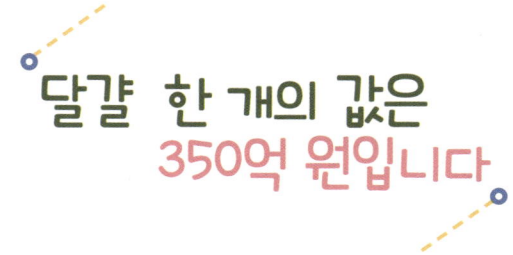

달걀 한 개의 값은 350억 원입니다

2009년 7월 아프리카 남부에 위치한 짐바브웨 공화국의 수도 하라레에 사는 10세 소년 무코니 라치타는 가방에 5천억 짐바브웨 달러를 가득 채우고 집을 나섰어.

왜 어린이가 그렇게 큰돈을 들고 다녀야 하는지 이해가 되지 않는다고?

라치타는 심부름으로 빵 두 조각과 달걀 두 개를 사러 가게에 가는 길이었어. 그 시절 짐바브웨 달러의 가치는 땅에 떨어져서 1년 사이 물가가 2만 2천 배나 올랐거든.

짐바브웨 중앙은행은 물가 상승률을 따라잡으려고 1억, 2억 5천 만, 50억, 250억, 500억 짐바브웨 달러 지폐를 잇달아 찍어 냈지만 상황은 점점 더 나빠졌어.

도대체 물가가 어느 정도였는지 궁금하다고? 놀라지 마. 달걀 한 개에 350억 짐바브웨 달러, 빵 한 조각에 2천억 짐바브웨 달러야! 1천억 짐바브웨 달러가 1,000원이 조금 넘는 1달러 가치라고 하니 짐바브웨 달러는 휴지 조각이나 마찬가지였어.

물건을 사러 가는 동안에도 물가가 오르니까 가게에 갈 때마다 숨이 차게 달려가야 해.

짐바브웨에서는 오르는 물가를 잠재우기 위해 2009년 8월 1일부터 100억 짐바브웨 달러를 1짐바브웨 달러로 바꾸는 '100억 대 1'의 화폐 개혁을 실시했단다.

그렇지만 상황은 별로 좋아지지 않았어. 그래서 아예 자기 나라 화폐는 사용하지 않고 달러화나 유로화 등 다른 나라 화폐를 사용하는 경우가 많았어.

하지만 거스름돈을 받을 수 없는 일들이 벌어져 물건을 사고파는 것이 제대로 이루어지지 않았단다. 농촌 지역에서는 화폐를 사용하는 대신 물물 교환을 했을 정도래.

1980년 영국으로부터 독립한 짐바브웨의 경제가 엉망이 된 것은 상황을 잘 판단하지 않고 무조건 몰아붙인 개혁 때문이었어.

독립 당시 인구의 2퍼센트에 해당하는 백인들이 전체 땅의 90퍼센트를 차지하고 있었단다.

로버트 무가베 대통령은 백인들로부터 땅을 빼앗아 흑인들에게 나눠 주는 개혁을 단행했지.

그러자 식민지 시절 경제를 이끌어 나갔던 백인들은 이 나라를 떠나 버렸어. 또한 영국과 미국은 자기 나라는 물론 다른 나라가 짐바브웨와 무역을 하는 것도 막아 버렸어.

이런 상황에서 무가베 대통령의 독재 정치는 계속되었고, 경제는 엉망이 되어 국민의 80퍼센트가 일자리를 갖지 못할 정도가 되었단다.

국내 생산은 중단되고, 경제 교류는 막혀서 생활필수품을 구할 수 없게 되자 물가는 하늘 높은 줄 모르고 계속 올라가 누구도 바로잡을 수 없는 암울한 상황이 되어 버렸단다.

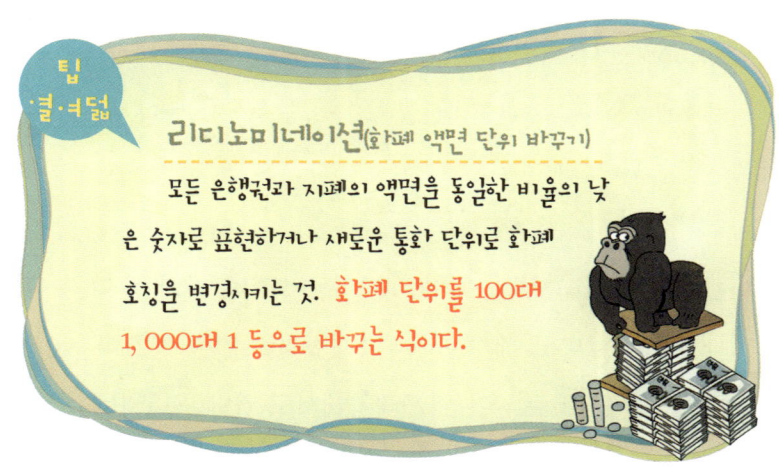

팁·쉰·여덟

리디노미네이션 (화폐 액면 단위 바꾸기)
모든 은행권과 지폐의 액면을 동일한 비율의 낮은 숫자로 표현하거나 새로운 통화 단위로 화폐 호칭을 변경시키는 것. 화폐 단위를 100대 1, 1,000대 1 등으로 바꾸는 식이다.

수진이 할머니께서는 손자 손녀들을 볼 때마다 언제나 같은 질문을 하신단다.
"우리 강아지들, 밥은 먹었니?"
할머니의 예전 소원은 하루 세 끼 따뜻한 쌀밥을 먹어 보는 것이었대. 할머니의 어린 시절에는 너무 가난해서 끼니를 거르는 사람들이 아주 많았다고 해. 그래서 가까운 사람들을 만나면 밥 먹었느냐고 물어 보는 게 습관이 되었다는 거야.
할머니는 물건을 지나치게 아끼다 보니 구멍 난 양말도 꿰매 신는다고 고집을 부리실 때가 있어.
뿐만 아니라 손자 손녀들이 눈에 넣어도 아프지 않다고 하시면서도 설날 세뱃돈으로 겨우 5,000원을 주실 정도로 구두쇠야.
그런데 지난 금요일 아주 놀라운 사실을 알았어. 할머니께서 매달 3만 원씩 우간다 어린이를 돕고 계셨어.

우간다는 아프리카 동부에 위치한 나라로 1970년대에는 다른 아프리카 나라에 비해서 잘살았다고 해. 하지만 독재정치로 인한 정치적 불안정과 함께 경제 불황이 지속되어 지금은 아프리카에서도 가난한 나라에 속해.
이 나라에서는 1만 원이면 한 사람이 한 달간 먹을 수 있는 옥수수 가루를 살 수 있대.

할머니가 보내는 3만 원은 우리나라에서는 큰돈이 아니지만 그 나라에서는 한 어린이가 한 달간 생활하고 학교에 다닐 수 있는 돈이란다.

유엔 개발 계획UNDP의 보고서에 따르면 지구 상에는 하루 1.90달러 미만으로 살아가는 사람들이 열두 명에 한 명 꼴이나 된다고 해.

이런 사람들의 비율이 가장 높은 지역이 바로 우간다가 위치한 아프리카 대륙이야. 수진이는 할머니 수첩에 우간다 어린이 사진이 끼워져 있는 것을 보았어. 아마 할머니는 그 아이의 사진을 보면서도 이렇게 중얼거렸을 거야.

"밥은 먹었니?"

잘사는 나라 사람들이 가난한 나라 사람들을 위해 가진 돈의 일부를 나누는 문화가 널리 퍼져서, 지구상에서 이런 인사말이 사라지는 날이 빨리 왔으면 좋겠어.

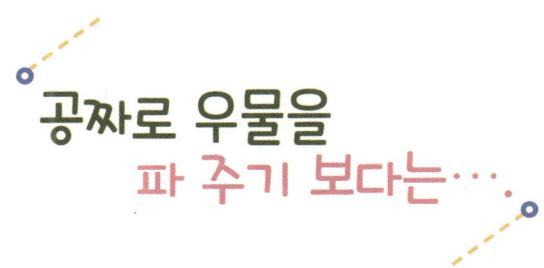

공짜로 우물을 파 주기 보다는…

"우리도 이제 깨끗한 물을 먹을 수 있어!"

콩고 민주 공화국의 카사이 강변 근처 마을, 땅속에서 물이 뿜어 나오자 이곳에 모

여든 모든 사람이 함성을 질렀어. 서로 부여잡고 펄쩍펄쩍 뛰는 사람도 있고, 너무 기뻐서 눈물을 흘리는 사람도 있었어.

지금까지 이곳 사람들은 빗물이나 강물을 먹으면서 살았거든. 그런데 우물이 만들어지면 마실 물을 얻기 위해 지금처럼 고생을 하지 않아도 된다니 얼마나 다행이야. 무수마리는 마을에 이렇게 공짜로 우물을 만들어 준 한국 사람들이 너무 고마웠어.

사하라 사막 남쪽의 아프리카 지역은 지구상에서 가장 가난한 사람들이 많이 사는 곳이야. 하루 1.90달러보다 적은 돈으로 생활하는 사람들의 60퍼센트 정도가 이곳에서 살고 있지.

1960년대 한국의 1인당 국민 소득도 사하라 사막 남쪽의 아프리카 지역 나라들과 마찬가지 수준인 500달러 미만이었단다.

2020년 기준 한국의 1인당 국민 소득은 3만 달러가 넘었는데, 이들 지역은 왜 계속 가난에 허덕이는 걸까? 다른 나라 사람들이 아프리카 국가들보다 한국을 더 많이 도와준 것은 아닌데 말이야.

혹시 마중물이라는 말을 알고 있니? 마중물은 펌프에서 물이 잘 나오지 않을 때 물을 끌어 올리려고 위에서 붓는 물을 말한단다. 한 바가지의 물을 얻어서 갈증을 풀기 위해 한꺼번에 모두 마셔 버리면 더 이상 마실 물은 남아 있지 않아.

하지만 이 물이 마중물이 되면 사람들은 우물에서 계속 물을 끌어 올리는 물을 마실 수 있어.

아프리카 나라들은 원조를 받아 모두 끼니를 해결하는 데 썼지만 한국은 이런 원조가 마중물의 역할을 하도록 만들었던 거야.

즉, 원조를 받아 당장의 끼니를 해결하는 데 그치지 않고 이 돈으로 공장을 세운 뒤 물건을 만들어 수출해서 경제 발전을 이룩했기 때문에 서로 다른 결과를 가져온 거란다.

2009년 한국은 경제 협력 개발기구OECD에 속하는 기관의 하나로 가난한 나라에 원조를 제공하는 '개발 원조 위원회DAC: Development Assistance Committee'에 가입했어. 그리고 국민 총생산의 0.25퍼센트를 외국에 원조한다는 목표를 세웠지.

국가 정책뿐만 아니라 사람들이 생각도 바뀌어 이제 우리가 받은 도움을 다른 가난한 나라에 돌려주어야 한다며 이를 실천에 옮기는 활동을 하는 사람들도 늘어났어.

콩고 민주 공화국을 비롯한 여러 나라에서 공짜 우물을 파 주는 일도 그런 사람들이 있어서 가능해진 거야.

물론 이런 원조 활동은 앞으로 더 늘어나야 해. 그런데 우리에게는 또 다른 사명이 있단다. 한국은 원조를 받던 나라에서 원조를 하는 나라로 상황이 바뀐 첫 번째 나라거든.

우리가 받은 도움을 돌려주는 일뿐 아니라 한국이 어떻게 그런 변신을 할 수 있었는지도 함께 알려 주어야 해.

가난한 지역에 공짜로 우물 하나를 파 주면 그 지역 사람들에게만 혜택이 돌아가지. 그런데 그 나라에 우물 파는 기업을 만들도록 도와주어 스스로 우물을 팔 수 있게 한다면 더 많은 우물을 만들 수 있게 돼.

즉, 당장의 갈증을 해결해 주는 데 그치지 말고 우리의 도움이 마중물이 되어 스스로 잘사는 나라를 만들어서 생활 수준을 향상시킬 수 있게 이끌어 주는 일도 해야 한단다.

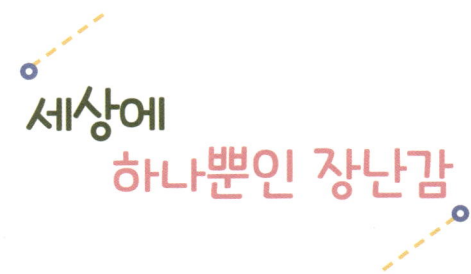

세상에 하나뿐인 장난감

알리마아미르는 버려진 네모난 알루미늄 빈 통을 보자 눈이 번쩍 뜨였어. 동생에게 장난감 자동차를 만들어 주어야겠다고 생각했거든. 네 개의 바퀴만 만들어 달면 움직이는 자동차가 될 수 있어. 제법 통이 크니까 노끈을 묶으면 소꿉놀이에 필요한 물건을 싣고 다닐 수도 있을 거야.

'무엇으로 바퀴를 만들어야 제일 잘 굴러갈까?'

알루미늄 통을 주워 온 뒤 알리마아미르의 머릿속에는 온통 근사한 자동차를 만들겠다는 생각뿐이야.

알리마아미르는 동생에게 폐품을 이용한 장난감을 만들어 주는 것을 좋아해. 도시의 장난감 가게에 가면 근사한 장난감이 많지만 아프리카 어린이들에게 이런 장난감은 그림의 떡이야.

아프리카의 부모들이 어린이들의 장난감을 사기 위해 쓰는 돈은 1년에

평균 1달러밖에 되지 않거든.

아프리카 어린이들은 폐품을 이용해 만든 장난감을 가지고도 아주 재미있게 놀아. 야자열매에 낡은 옷을 말아서 만든 공이나 옥수수로 만든 인형도 얼마나 애지중지하는지 몰라.

동생은 온갖 폐품을 이용해 근사한 장난감을 만들어 주는 형이 정말 믿음직스러워. 알리마아미르는 자기가 만들어 준 것을 세상에서 하나뿐인 최고의 장난감이라고 여기는 동생이 너무 기특해.

사람들은 돈이 많으면 무엇이든지 살 수 있다고 생각하기도 하지. 물론 돈이 많으면 비싼 장난감을 마음대로 살 수 있을 거야. 하지만 형제 간의 믿음이나 사랑도 돈으로 살 수 있을까?

돈으로 좋은 집은 살 수 있어도 행복한 가정은 살 수 없단다. 돈으로 좋은 침대는 살 수 있어도 달콤한 잠까지 살 수 있는 것은 아니야. 돈으로 맛있는 음식을 살 수 있지만 평생의 건강을 살 수는 없어. 돈으로 책은 살 수 있어도 삶의 지혜까지 살 수 있는 것은 아니야.

그러고 보니 세상에는 돈으로 살 수 없는 것도 참 많아. 반대로 돈이 없어도 누릴 수 있는 아름다운 가치도 아주 많지?